Be Yourself

自分らしく輝いて
人生を変える教科書

川原卓巳

ダイヤモンド社

Be
Yourself

Be Yourself.

たった2語からなるこの本の、タイトルに込めた思いについて書きます。

直訳すると、「あなた自身になろう」。

当たり前じゃないかと思われるかもしれません。

でも、本当に当たり前でしょうか。

「わたしは、ありのままの自分を楽しんでいる」

そう胸を張れる人は、どれくらいいるでしょうか？

誰かの期待に一生懸命応えようと無理をして。「こうあらねば」という型にはまろうとして。

いつの間にか、自分の内側ではなく、外側ばかりに目が向いていませんか。

英語の「be」とは、「ある」「いる」という意味。

何かを「する」のではなく、自分はどう「ある」のか。

これからは「do」から「be」の時代へ転換すると言われています。

これまでの時代は、自分がどうありたいかは問われず、社会が求めるように行動することが歓迎されてきました。あるいは、自分ではない誰かになろうと努力することが奨励される時代でもありました。

世界の豊かさは、大量生産による経済拡大によってもたらされ、大量生産を可能にする画一的な型やルールを守る人が求められてきました。

型やルールの中で成果を出した人が偉いとされる時代だったのです。

もう、かれこれ20年以上も前のこと。そう、20世紀の話です。

僕たちが生きる今の世界では、そんな常識はガラリと変わりました。

人の価値観は多様化し、誰にとっても同じように人生の指針となるような「ここさえ目指せばいい」というゴールはもう、ありません。

インターネットの台頭によって、一瞬で世界とつながれる方法を手にした僕たちは、

「好き」「楽しい」「やってみたい」とつぶやいた瞬間に、同じ気持ちを共感する誰かと出会えるようになりました。

「ここじゃないどこか」につながる扉が、いつでも目の前に開いている。

僕たちは、いつでも無限に広がる世界を生きることができる。どこで生きるかを、自分で選べるのです。

あなたは今いる場所で、求められる姿に合わせて無理に自分を曲げる必要はありません。もしあなたが今の場所に息苦しさを感じているなら、そこから離れたっていいんです。

あなたがもっと自然に、深く、呼吸《いき》をできる場所は、必ずほかにもあります。

少し前に、「あなたが置かれた環境の中で輝こう」というメッセージの本がベストセラーになりました。それは、まさに動かずに耐える生き方を応援しています。きっと、目の前の環境からなかなか動けない人たちに受け入れられたのだと思います。

でも今、僕がみなさんにお伝えしたいのは、むしろこちら。

「輝ける場所を自分で見つけよう」

あなたは、自分がのびのびと美しく輝ける場所まで、軽やかに動いていけばいい。

僕は、あなたらしく我慢せずにのびのびと楽しむ生き方を応援したい。

それが、誰でも実現できる時代になったのだから。

ここで言う「場所」は物理的な移動を伴う「場」だけでなく、一緒に過ごす仲間やコミュニティなど、あなたにとっての「居場所」という意味もあります。


我慢、力《りき》み、背伸び。

重たく不自由な鎖を解いて、あなたを少しずつ解放して。

胸の奥からわき上がる心のよろこびを感じて、あなたの大切な人がよろこんでくれるような「自分らしさ」を取り戻そう。

それは、誰もが持っているものだから。

決して、新しく手に入れるスキルではなくて、あなたの中にあるもの。
あなたの内側を静かに見つめたら、少しずつ輝きだすもの。

あなたの命はたった一つで、その命に宿る価値もたった一つ。
その一つを大切にして、限りある命を燃やそう。
命を燃やすに値する日々を送るために、今すぐ始めてほしい新しい生き方。
それが、あなた自身へ立ち返ること。
さあ、始めましょう。

自分らしく
輝く！

川原卓巳

はじめに

あらためまして、こんにちは。僕の名前は川原卓巳といいます。

職業は「プロデューサー」。アメリカのロサンゼルスに暮らしています。

「誰?」と思われた方、いますよね。

その反応、間違っていません。

なぜなら、僕はこれまでほとんど表に出てこなかったし、メディアやイベントに顔を出して自分のことを話すようになったのも、つい最近のこと。

この本が実質的な僕のデビュー作です。

普段はいろいろな分野でキラリと光る人やモノ、地域、活動を見つけては、その魅力を引き出して、たくさんの人に伝えるお手伝いをしています。

同時に、より広い世界で活躍したいと思う人たちがセルフプロデュースについて学ぶオンラインサロンも主宰しています。ここで自分の魅力を見つめ、ぐんぐんと活躍の舞台を広げている著名人もたくさんいます。

ただ、僕自身はというと職業柄、ずっと裏方で彼ら・彼女らを支えてきました。そんな僕の裏方仕事として、最も分かりやすい実績を挙げるなら、公私共にパートナーである「こんまり」こと近藤麻理恵のプロデュースです。

麻理恵さんは、幼い頃から片づけの研究を重ねてきた、自他共に認める〝片づけのヘンタイ〟。

理想の暮らしを描いて、持ち物一つひとつに向き合って、「ときめくか、ときめかないか」の基準で取捨選択をしていく。今の自分にとって、ときめかないものを手放し、ときめくものだけに囲まれて暮らしていく。すると大切なものを見極める感覚が研ぎ澄まされ、人生がガラリと変化していく。

そんな独自の片づけメソッドをまとめた著書『人生がときめく片づけの魔法』は、今では1200万部の世界的なベストセラーになりました。

縁あって僕たちが結婚し、日本からアメリカに活動の拠点を移したのが2014年のこと。

翌2015年に麻里恵さんは雑誌「TIME」の「世界で最も影響力のある100人」に選出され、2019年には彼女独自の片づけ法「こんまりメソッド」をテーマにしたドキュメンタリー番組が動画配信サービス「Netflix」でシリーズ化。「KonMari～人生がときめく片づけの魔法～(Tidying Up with Marie Kondo)」は、なんと世界190の国と地域で配信されました。

そして気づけばテレビ番組のアカデミー賞とも言われる「エミー賞」の授賞式で、僕たち二人はレッドカーペットを歩いていたんです（2019年の第71回エミー賞で2部門ノミネート、これは日本人初の快挙だそうです）。

麻理恵さんは今ではハリウッドセレブからも「会いたい」と憧れられる存在になりました。「こんまりメソッド」は単なる片づけ法ではなく、人々のライフスタイルと精神を磨く習慣として、世界で非常に高い評価を得ています。

少なくとも2020年時点のアメリカでは、最も有名で尊敬される日本人と言っても、決して大げさではありません。

誰でも、いつからでも、輝ける

一体、彼女に何が起きたのか？

僕は、プロデューサーとして彼女にどんな魔法をかけたのか？


これまでのステップを振り返ってみると、誰にでも応用できるセルフプロデュースのメソッドがたくさん詰まっていることに気づきました。

「プロデュース」と聞くと、どこかキラキラとした芸能界限定のような、特別な才能だけに降り注がれるものという印象を抱くかもしれません。

もっと言えば、ちょっとうさんくさくもある。

「俺についてくればスターにしてやるよ！」というマッチョなイメージがありませんか？　僕もそう思っていました。


けれど、僕がこの本で伝えたいプロデュースメソッドは、こういった従来のイメージとは完全に違うものです。

誰でも、いつからでも、どこからでも、
自分の中に眠る才能を引き出せば、
あなたは、ありのままの姿で輝きだす。

それが、僕の考えるプロデュースです。
自分で自分の力を信じて、その価値を高めていくこと。これは、先の見えないこれからの時代をタフでしなやかに、あなたらしい笑顔でサバイブするために必須となる新しいスキルでもあります。

この本は、あなたの人生を変える教科書

あなたが本来のあなたらしい姿で輝くまでの道のりは、自分の中にある「好き」「楽しい」「やってみたい」を見つけて発信し、それに共感してくれる人や場所、時間を増やしていくプロセスとも言えます。

その過程で僕が強調したいのは、あなた自身を変える必要は一切ない、ということです。もう一度言います。あなたは、そのままでいいんです。

変えるのは、自分ではなく環境の方。ありのままの自分が受け入れられる場所まで、自分の足で歩いていく努力をしましょう。

世界は広い。そして刻々と変わっている。だから、今ここで生きづらかったとしても、あなたが呼吸しやすい場所は必ず見つかります。

あなたにぴったりの環境を見極めるには、まず自分自身を知ることから。じっくりと丁寧に自分と向き合い、内側の声を聞くことから始めましょう。

今いる場所を飛び出していくのは、誰にとっても怖いものです。自分は何者にもなれない気がして、不安になる気持ちも分かります。かつての僕自身も、まるでそうだったから。

だから、僕が寄り添います。

あなたはこれ以上、もう何も足さなくていい。

余計なものを取り去って、本来の自分に戻って、魅力が増すように大切に磨いて、頑張りすぎずに広げていく。

たったそれだけで、あなたは輝き始めます。

あなたがあなたらしい姿のまま、全身の力を抜いて世の中とつながり、価値を発揮できるようになるために、僕がガイドをします。

この本はあなたがあなた自身（yourself）として輝くための教科書です。

さあ、本来のあなたに戻りましょう。

目次

第2章

自分を活かす

第3章

自分を発信する

第4章 環境を変える

第5章

自分を磨き続ける

プロローグ

たった5つの
プロデュースメソッド

自分らしい本来の姿で輝くってどういうこと?


その具体的な方法は、第1章からじっくりとお伝えしていくとして。

本題に入る前に、「Be Yourself」の事例をみなさんにご紹介したいと思います。

片づけコンサルタント・近藤麻理恵と僕の実体験です。


「はじめに」でも少し触れたように、麻理恵さんはアメリカに渡ってから飛躍的に活躍のステージを広げました。

もともとは愛称だった「KonMari」が、「Konmaring」「Kondo-ing」などと言われるようになり、麻理恵さんの名前が片づけることの代名詞として使われるようになるほど多くの人に浸透していきました。Googleで検索することを「ググる」と言うのと同じ感じです。


もちろん、何もせずにブレイクしたわけではありません。

麻理恵さんの本『人生がときめく片づけの魔法』の英語版がアメリカで出版された

当時、僕たちはまだ日本で暮らしていたので、プロモーションは現地の出版社やエージェントに任せていました。アメリカでは担当者が地道に、全米の主要メディアに本を送る日々。出版業界の人にとっては普通のことかもしれませんが、当初はそれくらい当たり前の、でもひたすら地味な作戦をコツコツと続けていました。

すると、この地味な努力が思わぬ形で次のチャンスに転じました。

名物記者が実践レポート

ある日、麻理恵さんの本が届いたのは、今にも崩れ落ちそうな山積みの資料に埋もれたデスク。このデスクの主こそ、アメリカの主要紙「ニューヨーク・タイムズ」の名物女性記者、ペネロペさんでした。

本を手に取った彼女は、「まるで、わたしのための本だわ！」と、突き動かされるように自宅の片づけを実践。こんまりメソッドを実際に試して、ペネロペさんの日常が満たされていった体験記を、発信してくれたのです。

これがたちまち話題になり、記事のシェア数に比例するように麻理恵さんの本も売れていきました。

そしてついに「ニューヨーク・タイムズ」定番コーナーの「書籍売上ランキング」で1位を記録。そこからおよそ1年半も連続で1位をキープするようになりました。「Marie Kondo」は一躍、有名人になったのです。

本が売れると麻理恵さんのもとには講演や取材の依頼がどんどん舞い込み、気がつけば僕たちは1年の半分以上をアメリカで過ごすようになっていきました。

2015年には雑誌「TIME」の「世界で最も影響力のある100人」のアーティスト部門に選出。2016年に思い切ってアメリカに移住してからはさらに講演数が増え、麻理恵さんが世界に羽ばたく千載一遇のチャンスが訪れました。

本が売れるほど、麻理恵さんには次々とすごいステージが用意されていきます。普通に考えれば、エンジン全開・アクセルベタ踏みで突き進むところでしょう。

でも、僕たちはここであえて活動量を減らして、降ってきたチャンスを手放していくことに決めたのです。

身も凍るような恐ろしい出来事が、僕にそうすべきだと気づかせてくれました。

マンハッタンで味わった恐怖

アメリカで活動を始めて2年ほど経ち、翌日に講演を控えたある夜のこと。僕たちはクタクタになって、マンハッタンの高級ホテルに到着しました。

その頃の麻理恵さんと僕は講演や取材のために、連日アメリカの主要都市を飛び回る日々。この日も別の都市で講演を終えてニューヨークに移動し、何とかホテルの部屋にたどり着きました。

多忙な僕たちに配慮し、出版社は夜景のきれいな部屋を取ってくれていました。でも僕たちは疲れ果てて夜景を楽しむ余裕もないまま、すぐに眠りにつきました。

麻理恵さんは、もとは人前で話すのがとても苦手で、初対面の人の前では沈黙するくらい人見知りが強いタイプです。それでも「こんまりメソッド」を伝えるには講演も必要だと考えて、頑張ってくれていました。僕も講演を続けることが何よりもいい方法だと思い込んでいました。

ちょうどその頃、麻理恵さんは世界最大級のテクノロジーと芸術の祭典「サウス・

バイ・サウス・ウエスト（ＳＸＳＷ）」で45分間のメインステージを務めました。英語に自信のない麻理恵さんは、45分間のスピーチを一言一句丸暗記して臨んだほど。一生懸命、周りの期待に応えようとする人なので、余計に消耗していたのでしょう。

２０１５年には第一子、２０１６年には第二子を産んだばかりで、僕や周りの人たちも全力でサポートしてはいたけれど、肉体的にも精神的にも疲れがピークに達していたようです。本人も後でそう振り返っていました。

夜中にふと目を覚ますと、窓辺に立つ彼女に気がつきました。明らかにただならぬ雰囲気です。まるでこのまま飛び降りそうな、異様な切迫感が漂っていました。

――ヤバい!!!

抱きかかえるように彼女をつかまえ、「明日も早いから寝よう」と寄り添い、手を握って彼女が寝息を立てるまで見守りました。僕も横にはなったけれど、窓際に立つ麻理恵さんの姿が目に焼きついて一睡もできません。ひたすら天井を見つめながら、朝日がのぼるまで考え続けました。そして、決断したのです。

もう、講演の仕事はやめよう。取材も減らそう。

彼女が幸せでいられる分だけの仕事に絞ろう。

大切なのは「手放す」こと

僕自身は講演が得意で好きだから、彼女の苦しみに気づけていませんでした。いや、本当は気づいていたけれど、気づかないふりをしていたのかもしれません。

日本にいた頃には考えられないような栄誉あるオファーばかりが降ってきて、つい舞い上がってどんどんと仕事を受けていた。麻理恵さんが笑顔を曇らせていても、何とか背中を押して。でも、そうじゃない。僕は、間違っていたんだ。

人々にときめきを伝える近藤麻理恵が、彼女らしくときめくことができなくなるなら意味がない。僕がプロデューサーとしてすべきなのは、仕事を詰め込むことじゃなくて、彼女が本来の姿でいられるように思い切って「手放す」ことだ。

夜が明け、僕の考えを伝えると、麻理恵さんの頬がふーっとゆるんで、つぼみが開くように笑顔を取り戻して「よかったぁ」とひと言。緊張が解け、彼女にエネルギーが戻ってくるのを感じました（ちなみに麻理恵さんの記憶によると、このホテルの窓は少ししか開かない仕様だったため、飛び降りる危険はなかったそう。でも僕が考えをあらためるいい機会になりました)。

量を最小化し、質を最大化する

それ以降、新しい講演のオファーは原則として辞退し、取材の数もかなり絞り込みました。感覚としては99%カット。多い時には週400件あったオファーを次々にお断りしました。唯一受けたのは、麻理恵さんが自然体で力を発揮できると確信できて、こんまりメソッドの普及にも効果的だと思えるものだけ。

断れば、次はないかもしれません。周囲の人はそう心配してくれたりもしました。

でも、実際に起こったことは、それとは逆のことだったのです。

99%の周囲から寄せられる期待を捨てて、たった1%の心からときめく仕事を選んでいく。するとその1%については自然と気持ちが入るし、人を感動させられる価値を生み出せるようになったのです。

量を最小化することで、質が最大化する。
輝くために、あえて引き算をする。

結果として、麻理恵さんの仕事の質が上がっていくというリズムが出来上がりました。特に彼女が最もやりがいを感じる片づけコンサルティングの現場では、本来の麻理恵さんの魅力がそのまま発揮され、これまでの何倍、何十倍も高い価値を生み出すようになり、クライアントに感動していただける経験が繰り返されました。

徹底して引き算をすると、余白が生まれます。

空白ができると、新たにチャンスが降ってきた時にもすぐに動くことができる。

僕たちの場合、それが動画配信サービス「Netflix」で麻理恵さんのオリジナル番組をつくるというプロジェクトでした。

実はアメリカで本が売れてから、20社以上の制作会社から番組のオファーが来ていました。どこも魅力的な条件を提示してくれたのですが、最終的に僕たちはNetflixと組むことに決めました。

それは、Netflixが最も多くの人にこんまりメソッドの価値を伝えられると感じられたから。こんまりメソッドの真の価値を理解してくれているとも感じました。

番組の制作責任者であるゲイル・バーマンさんは、開口一番にこう言いました。

「これは単なる片づけ法じゃない。Life Changing Method（人生を変える手法）よ」

かつて僕は、麻理恵さんの本が出てすぐに読み、まったく同じ感想を彼女に伝えたことがあります。「これは片づけじゃなくて、人生を切り拓くための本だね」と。当時の僕と同じ感想を、ゲイルさんも抱いてくれていた。鳥肌が立ちました。

演出ゼロ、本物の魅力で奇跡を

番組制作が始まると、僕も制作メンバーに加わりました。

「彼女は片づけの天才ですが、演技の達人ではありません。気の利いたセリフまがいの会話は求めないでほしい。でも片づけに集中することができれば、彼女は片づけ実践者の人生を劇的に変えることができます。想像を超えた奇跡が生まれることを約束します」。おぼつかない英語で、そう熱弁したのです。

麻理恵さんが麻理恵さんらしい価値を発揮することこそ、番組の成功に欠かせない。そう信じているから制作チームの一員として、演出の主導権を持たせてもらったのです。

制作現場ではスタッフの人選にもこだわりました。

音響や照明、編集といったスタッフを集める際には、技術や経験だけでなく、「こんまりメソッドを世界に伝えたいと心から思っているか」という部分も重視して選ぶ必要がある。もし、ここが抜け落ちていたら、麻理恵さんを輝かせることはできませんから。

片づけを通して人生が前向きに変わっていく。そのプロセスを伝えることにどんな価値を見いだし、自分の技術でそれをどう最大化しようと考えているのか。

スタッフ一人ひとりに強い思いがあれば、番組で表現されるものも違ってくるはずです。実際、こうして集まった番組制作メンバーは、みなさん本当に素晴らしいプロフェッショナルばかりでした。

「音の拾い方」「照明の当て方」「カメラフレームの決め方」など、それぞれのスタッフが持ち場で、麻理恵さんを最高に輝かせる仕事をしてくれました（実際に番組を視聴いただけると、きっとその愛を画面の端々から感じてもらえるはずです）。

麻理恵さんが訪問する体験者（クライアント）の人選にも深く関わりました。

送られてくる応募ビデオにすべて目を通し、「子育て中の若い夫婦」「リタイアした老夫婦」「夫に先立たれた一人暮らしの女性」など、体験者の属性や年齢、ライフステージ、抱える問題が重ならないよう配慮し、こんまりメソッドがいかに幅広い人の問題解決につながるかを伝えようとしました。

番組に筋書きはありません。実在する生活者が、自分の持ち物を見つめ直して人生に向き合い、ときめくものだけを残して大切にする暮らしへシフトする。

本来のその人らしい人生を取り戻すプロセスに、麻理恵さんは全身全霊を注いで寄り添いました。

「心地良くいること」が判断力を磨く

そして、何よりも僕がプロデューサーとして気をつけたのは、麻理恵さんの日常のストレスをなるべく取り除くこと。そう、取り除くだけでいいんです。

もともと持っている才能を活かすのに、何かを足したり、無理に掛け合わせたりする必要はありません。麻理恵さんらしさが消えないように余計なものを取り除く。それだけで本来の価値を、自然と発揮できるようになるのです。

撮影現場では麻理恵さんが感じた通りに、軽やかに動けるように配慮する。日常生活では彼女が心地良いと感じることを最優先して、違和感の少ない環境を整えていきました。宿泊先のアパートメントのベッドが体に合わなかった時には、わざわざ新しいマットレスを買ったこともありました。

この心地良さの追求は、麻理恵さんがもともと得意としていることで、僕が学ばせてもらったことでもあります。

例えば、「朝起きて一番に何をするのか」も大切な選択の一つで、それによって人生は大きく変わります。自分が心地良くいられることに敏感になると、判断力が研ぎ澄まされ、何においても自分の感性や直感で決断できるようになります。

すると、自然と自分の能力を活かせる場所へ、自分を連れていくことができるようになるのです。

実際に何をすべきなのかは、後で詳しく説明するとして、とにかく僕たちは、「自然体でいるための暮らし」を磨き続けていきました。

本来の姿からズレた時は？

もちろん、うまくいく時ばかりではありません。生きていると、人はいろいろなバイオリズムに影響されます。

本来は片づけの魔法を誰よりも愛し、広く世界に伝えたいと思っているはずの麻理恵さんでも、疲労やストレスから彼女らしくない理不尽なそぶりや、逃げとも思えるような主張をしたことがありました。

彼女がそうなるのは、本来の姿からズレてしまっているから。そんな時はこう声をかけることもあります。

「今の麻理恵さんは、心の位置があまり良くない」

本来、あるべき位置に心がない。

心の置き場所がズレていると、いつもなら果たせる役割も果たせなくなる。

もとの位置に戻そうよ、と。

彼女の甘えやわがままを責めたり、否定したりはしませんでした。

でもこう伝えただけで、彼女はハッとした顔をして、しばらくするとまた自然と輝きを取り戻していったのです。

「卓巳さんに言われて一番うれしかったのは、あの時の言葉だった」

僕の指摘を、彼女は後でこう明かしてくれました。


僕は、彼女の一番の理解者として、そしてプロデューサーとして、近藤麻理恵という才能が本来の魅力のまま輝ける環境をつくることだけに集中してきました。

結果、Netflixで配信されたオリジナルシリーズ「KonMari～人生がときめく片づけの魔法～」は190の国と地域で配信され、Netflixで2019年に最も視聴されたドキュメンタリー番組となったのです。

さらにはテレビ番組のアカデミー賞とも言われるエミー賞で2部門ノミネートされるという大変な栄誉をいただきました。

自分らしく輝くための5つのステップ

ここまで僕が近藤麻理恵のそばで見てきたこと、共に体験してきたことを、順にご紹介しました。

あらためて振り返ってみると、僕がしてきたことはたった一つ。

麻理恵さんが、ありのままの自分でいられるようにサポートすること。ただ自分らしくいられるだけで、人は信じられない力を発揮します。そんな奇跡を、僕は何度も目の当たりにしてきました。

また麻理恵さんと歩んできた過程で出会った世界トップクラスのビジネスパーソンの方々も、みなさん同じように自分らしい価値を発揮し、相手の価値を尊重する天才でした。

彼らが教えてくれたのは、資本主義を基本とした現在の世界で成功するには、人がそれぞれの強みを活かすことが合理的で生産的であるということ。そして、それがその人本来の幸せにも直結しているということ。

人生を豊かにする要因は「外」ではなく、「内」にあるということ。

第1章

自分を知る

まずは片づけから始めよう

自分らしく生きる第一歩、それは「自分を知ること」です。

その具体的なアクションとして、何が浮かびますか？

例えば、一人になる時間をつくって瞑想してみるとか。過去の体験を振り返って書き出してみるとか。あるいは親しい友人や家族に聞いてみるとか。

自己啓発系の本をめくると、自分を知るためのいろいろな方法が紹介されています。いくつか試したことのある人も、いるかもしれませんね。

僕が強くオススメしたい方法はズバリ、これ。「片づけ」です。

片づけ？　きっと意外ですよね。でも、僕は本気で「片づけが自分を知る最短の道だ」と確信しています。

そのことを気づかせてくれたのは、もちろん妻の麻理恵さんです。片づけコンサルタントとしてさまざまな人の人生に関わり、住空間を整えるお手伝いをする麻理恵さんの活動を近くで見てきた僕は、「片づけは自分を知るためのプロセスなんだな」と理解しました。

家の中を見渡してみてください。

そこにあるモノの一つひとつは、過去にあなた自身が選んで家の中に迎え入れたものです。街で衝動買いしたモノも、画面をクリックしたモノも、人からもらったモノも、すべて何らかの形で「自分の持ち物にしよう」とあなたが決めて、持ち続けてきたモノなのです。

生まれてから今日に到るまで、あなたが毎日下してきた、日常の小さな一つひとつの意思決定。その結果が、今のあなたの家の中の風景なのだと考えると、家の中のモノたちは、過去のあなたそのものだと言えます。

片づけは、過去に自分が選んだモノ一つひとつと向き合い、「残すか、手放すか」を決めること。つまり過去の自分を知って、これからの自分がどうありたいのかを決める作業です。

アップル創業者のスティーブ・ジョブズを僕はとても尊敬していますが、彼は「本能に従え」という言葉を遺しています。

でも、その方法については教えてくれなかった。彼はその方法を見つけようと、瞑想などを実践していたのかもしれません。

まだジョブズが生きていて対話できるチャンスがあるとしたら、僕はぜひ伝えたい。「本能に従うには、片づけが一番ですよ」と（彼の仕事部屋がモノであふれていたことは有名です）。

片づけの詳しいステップについては麻理恵さんの本『人生がときめく片づけの魔法』『人生がときめく片づけの魔法2』『Joy at Work 片づけでときめく働き方を手に入れる』を参照いただくとして、僕は片づけを「自分を知るための手法」として提案したいと思います。

しかも、家の中まできれいになるというオマケ付き！

家の中にあるモノの数は、一人につき1万〜2万点と言われています。このすべてを一つひとつ手に取り、自分の心の声、身体感覚に従って向き合い、1万〜2万回の「残すか、手放すか」という決断を繰り返していくこと。

すると自分自身が何が好きだったか、そしてこれから何を好きでいたいのか、自分の感性や価値観が見えてくるはずです。

あなたはどんな人ですか。それを知る方法を第1章でお伝えします。

あなたの魅力は「外」ではなく「内」にある

まずは片づけからスタートして、自分を知ること。

僕がそう強くオススメするのは、あなたらしい魅力は「外」ではなく、あなたの「内」にあるからです。あなたの内なる声を聞く必要があるのです。

さて、ここで一つ質問です。

自分は価値のある人間だ。魅力のある存在だ。

あなたはそう思いますか？

すぐに「はい」と答えられる人は残念ながら少数派。本当に少ない。とても残念だし、悲しいことですよね。

あるいは、「はい」と言えたとしても、その理由が上司や先生、親からほめられたり、評価されたりしたことだとしたら……。

周りの期待に応えることでようやく自分を認められる。その繰り返しに、本当は疲れているというのが本音ではないですか？

周りの期待に応えるために、背伸びをしたり、鎧を着込んだり。いつの間にか、本来の自分の姿からは遠ざかってしまう――。そんな人を、僕はたくさん見てきました。そして僕自身を振り返っても、そんな時期が長くありました。

でも人の魅力は、外からの評価で生まれるものではありません。

あなたがもともと持っている力。生まれてから今に至るまでに自然と備えてきた「あなたならではの魅力」は必ずあなたの中にあります。

絶対にある。そう断言できます。

魅力が見つからないのは、「存在しないから」ではなくて、「埋もれているから」。

それに一刻も早く気づいてほしい！　僕の切なる願いです。

横並びを重んじる教育システムや、突き抜けた個性よりも周りとなじむことを求める社会の空気、はやりものにはすぐに追いつけと急かす世の中のプレッシャー（ああ、書き出すだけで疲れる……）。

外にばかり意識が向いて、「本当は何をしたいのか？」と自分の心に問うことを忘れてしまう。心の中からわき上がる「好き」「楽しい」「やってみたい」という声は、いつの間にかかき消されていった。そうではありませんか？

どんな人だって魅力のもとは「好き」「楽しい」「やってみたい」にあります。それは誰にも奪われることがない、はやりすたりにも揺るがない、あなただけの宝物です。頑張って「外」の世界に探しに行かなくてもいいんです。あなたの「内」に、あなたらしい唯一無二の魅力はある。

だからこそ、まずはあなた自身を見つめ直すことがファーストステップ。

誰かのためじゃない、自分のための自分に戻ろう。

あなたの内なる声を聞くには、「環境」「時間」「人間関係」を整える必要があります。最初に片づけをオススメしたのは、「残すか、手放すか」の判断を繰り返して自分の価値観を知り、そして「環境」を整えていくため。

そして、ここからお伝えするのは「時間」と「人間関係」の整え方。

日常生活を見直して、あなたがどんなことに時間を費やしているのか。そしてどんな時間を苦痛だと感じているのか。

人間関係を振り返って、誰といる時の自分がときめくのか。誰の言葉があなたにしっくりとくるのか。

僕の問いに一つずつ答えていけば、きっと少しずつクリアに、そしてより立体的に、本来のあなたの魅力が見えてくるはずです。

さあ、あなた本来の姿を見つける旅に出ましょう！

過去を手放しても「ゼロ」にはならない

あなたの中にある「好き」「楽しい」「やってみたい」をもう一度見つけるには？
まずは外側に分厚く積み重なった余計なものを一つずつ脱ぎ捨てていくこと。
例えば、苦手なのに無理して頑張っていたこと、やりたくないのに続けてきたこと。
そんなものはすべて、捨てて大丈夫です。

「捨てるなんて、怖い」
最初はきっと不安が先に立つでしょう。分かります。僕自身も捨てることが怖かったから。

僕が人生で初めて勇気を出して手放したのは、新卒で入った人材教育系の会社を辞める時のことでした。会社を去るということは、お付き合いのあった1000人以上のお客さまを手放すことでもあります。毎月定期的に振り込まれていた給与もゼロになる。7年半をかけて積み重ねてきたものを手放したら、自分には何もなくなってしまうんじゃないかと恐怖を感じました。

死ぬほど努力を重ねて、寝ずに仕事をして、やっと認められるようになって。時間をかけて積み上げたものは、自分の肉体と一体化しているから、手放すなんて無理だと思っていました。

でも、実際に辞めてみると、ゼロにはならなかった。

会社員時代に培ったコミュニケーション力や営業力、問題発見力と課題解決力、タイムマネジメント能力は自分の血肉になっていました。「目に見えるものを手放すのが怖かったけれど、結局は目に見えない部分に力がついていたんだな」としみじみ実感したんです。

何よりも会社員という立場を手放して良かったのは、自分の力で生きていくという覚悟が持てたこと。安心で安全な環境を手放したことで、むしろ本来の僕らしい姿に戻ることができた。自分の人生に自分で責任を取る生き方が実現できるようになった。

手放した瞬間、体の奥からフワーッと何かが満ちてきました。この満ちてくるものの正体こそ、本来の希望や願望です。自然と力を発揮できて、周りの人を明るく照らせる、本来の価値です。

数あるものの中で人が最も手放しがたいのは、財産でも、肩書でも、人脈でもありません。過去に頑張ってきた自分自身です。

かつての僕と同じように、「せっかくここまでやってきたんだから」という理由で、何かを我慢したことはありませんか。

例えば、異業種への転職に悩んでいる時。「新卒から働いて10年。ここまでの時間とお金と労力をかけて蓄積してきたものを捨てるなんてもったいない。やっぱり転職はやめよう」なんて踏みとどまるのは、よくある話です。

もちろん、踏みとどまってもいいんです。でも、あなたの心の声が本当はやってみたい！　チャレンジしたい！　と思っているなら、もったいない。

せっかく動き出そうとしたのに踏みとどまるなんて。

過去の「しがらみ」を捨てたとしても、過去の「蓄積」がなくなることはありません。自分の目で見て、耳で聞いて、手足を動かして獲得してきた経験はすべて、あなたの血肉となって生き続けています。

いったんはゼロになった気がするかもしれないけれど、あなたの体にはちゃんと筋肉がついています。

営業職として1000人のお客さんと向き合ってきた経験は、たとえ1000人分の顧客リストを手放したとしても、その後のあなたのものの見方や話し方、ひいては生き方そのものに反映されていく。

過去の蓄積はすべて、あなた自身に溶け込んでいるのです。

だから、大丈夫。手放しても、あなたはゼロにはならないし、何も減らない。

昨日までの自分を「お疲れさま」とねぎらって、さらりと手放そう。そして、これからはあなたのために生きるんです。

「やりたくない」を書き出そう

余計なものを手放そうと言っても、一体、何が余計なものなのか分からない人もいると思います。そこでオススメしたいのは、書き出すこと。

よくある「やりたいこと」のリストアップではなくて、「やりたくないこと」を書き出してみるのです。

あなたが普段、無意識にしていることの中から、「始めるまで気が進まないこと」や「やってもつまらないこと」「やったら疲れること」などを書き出してみてください。そう、それがあなたが「片づける時間」の候補です。

スケジュール帳を開いて、書き留めてあるＴＯ ＤＯリストの中から、何週間も消えずに残っていることも、余計なものの候補でしょう。やろうと思いながら、ずるずると後回しにしてきたこと、ありますよね。

それは、多分あなたがやりたくないことですし、得意でもないことに違いありません。さらに言えば、もうそんなに寝かしてしまったのだから、やらなくてもいいことなのかもしれません。

ハッキリ言おう。今さらやってももう遅い！（熟成しすぎて腐ってるって……臭ってきちゃってますよ）

すぐにそれを得意な誰かに託すか、そもそもやる必要があるのかをもう一度確認して、ＴＯＤＯリストから消してしまいましょう。

スケジュール帳にも、あなたの心にも、空白が増えるはずです。

ムダな時間を片づける。それだけでスッキリするでしょ？

無理なく続けていることが「好き」のサイン

余計なものをどんどん手放したら、ようやく次は「好き」「楽しい」「やってみたい」につながる本来のあなたを見つけましょう。

ただ、これが実は簡単なようで難しい。

それもそのはず。長い間、ずっと忘れていたものを取り戻すのだから。


どうしたらいいの？　そう思う人に、試してほしいことが一つあります。

「好き」や「楽しい」までいかなくてもいいから、「いつの間にか続けていること」はないかと、自分の普段の行動を振り返ってみてください。ムダな時間を片づけたら、今度はあなたが自然と費やしている時間を知るのです。

僕がプロデューサーとして、誰かの魅力を見極めようとする時に観察するのは、その人が「何を言っているか」ではなくて、「何をしているか」。

人は、口では何とでも言えるものです。でも、その人の本来の姿は言葉ではなく行動に現れます。


仕事や学校で拘束されている以外の時間で、あなたは何をしていますか。

誰かに「しなさい」と強制されたわけでもないのに、あなたが勝手に続けていることは何ですか。

例えば、休日はずっと絵を描いていたり、友達の人生相談に乗っていたり、最新のオーディオ機器のスペックを比較したり。はやりのカフェを訪れたり、本屋さんが好きでしょっちゅう売り場を回っていたり。コツコツと英語の勉強をしたり、旅行のガイドブックを眺めたりしているのかもしれません。

それこそが、あなたが無理なく頑張れること。

自分が何にどれだけの時間を使っているのか？

2週間くらい観察してみると、きっと発見があるはずです。

あなたの「好き」が稼げるかは考えなくていい

好きなこと、楽しいこと、無理なく続けられそうなことがぼんやりと見つかった時に、ふと生まれる疑問。

「でも、これ、儲かるの？」

大丈夫。稼げるかどうかは、今は考えなくてもかまいません。
理由は二つあります。
最初からお金になるかどうかを考えると、本当に素直な気持ちで自分の欲求を見つけることができなくなるから。

稼げる力がつくかどうかは、好きをどれだけ突きつめられるかに深く関わるから、「心からやりたいと思えるかどうか」がとても重要。稼げるかどうかを冷静に考えて計画を立てることも必要だけれど、それを考えるのは今ではありません。

無理なく稼げる仕組みをつくるのは、この何段階も先のこと。

だから安心して、後回しにしてください。

「稼げるかは考えなくていい」と僕が断言するもう一つの理由は、今の環境はいずれ変わるからです。YouTuberのような稼ぎ方がこれほど注目されることを、10年前に誰が予想できたでしょうか。地方の山奥のパン屋さんがネットショップを立ち上げて商売が成立する時代の到来を、一体、誰が考えていたでしょうか。

ましてや、片づけを極めた女の子が世界のスターになるなんて！

大事なのは、稼げるくらいのクオリティに到達するまで、「これが好き、楽しい！」という気持ちを維持すること。

続けていけば、力が蓄えられて、価値が磨かれていきます。

周りの雑音が気になるかもしれないけれど、他人の無責任なアドバイスに耳を傾ける必要はありません。応援してくれる人の温かいエールにだけ耳を澄ませること。それくらい偏って、自分の世界にこもって「好き」を突きつめていった方がいいんです。

稼げるかどうかは横に置いて、まずは黙々と好きなことに没頭すること。

やりたくないことを手放して生まれた空白の時間を、あなたの「好き」に使うこと。

それが、最初の一歩です。

心のモヤモヤは全部、吐き出す

あなたを取り囲む環境を片づけて、ムダな時間を手放し、続けられそうな好きなことを見つけたら、次に実践するのは、人間関係とそこから生まれる心のモヤモヤを整理していくこと。

日々暮らすうちにまとわりついてきたしがらみや、「こうじゃないと」と他人から押しつけられた「べき論」、そして自分を良く見せようとする見栄……。払っても払ってもまたついてくる。だから定期的にモヤモヤの片づけが必要です。

僕が普段しているのは、頭の中にあるモヤモヤをとにかくバーッと吐き出すこと。方法は何でもいいのですが、僕の場合はキーボードをひたすら打って、iPhoneのメモ機能に書き出しています。

誰かに見せるわけでもないから、まとまらないままでオーケー。とにかく頭に浮かんだ順に、あなたの脳みそを埋めている思考や、中でも人間関係にまつわるモヤモヤを全部、吐き出してみる。

書き出した後、テーマごとに区切ってみると、「へー、今、こんなことにこだわってるんだ。ここに迷いの原因があったんだな。ふむふむ」と冷静に見つめることができます。


チェックポイントは、書き出したメモの長さ。

数行でスッキリ書き終えているテーマは問題なし。それだけクリアだということですから。

要注意なのは、やたら長くてあーだこーだと言い訳交じりの文章になっている場合。長くとはどれくらいかというと、目安はスマホの画面で表示してみて、スクロールしないと読めない分量になるくらい。行数にして20行を超えたら、脳内がゴチャついているサイン、というのが僕の感覚です。

短くまとまらないのは、自分の中で納得できない部分がある証拠。すぐに解決できる方法はあるのか考えてみましょう。そして、解決できないのなら、手放すことも選択肢に入れてみましょう。

あなたを取り巻く環境や時間と同じように、一緒にいてあなたが心から「好き」「楽しい」と思えないような人は、どんなに長く付き合っていたとしても、決してあなたのためにはなりません。

もしその人の言葉があなたを傷つけたり、モヤモヤさせたり、そして落ち込ませたりするなら――。時には思い切って距離を取ったり、連絡するのをやめたりすることも考えましょう。たとえそれがあなたの親や兄弟、そして親友であっても、です。

あなたが自分以上に大切にするべき存在はいません。

何を差し置いても、まずは〝自分ファースト〟。これを貫いてください。

書き出すことの効用については、すでにいろいろな人が言っているけれど、やはり〝思考の見える化〟は、一番手っ取り早い手段です。手書きが合う人もいますから、方法は何でもかまいません。

誰かに話してみるのもいいけれど、やっぱり自分と会話するには、自分の手で黙々と書くのがいい。特に人間関係という最もデリケートな部分は、自分の心と向き合った方が効果的です。

「書く」というより「出す」感覚で、手を動かしてみてください。

「らしさの期待」をはねのける

周りの期待に応えることに一生懸命で真面目な人ほど、はまってしまうのは「らしさの期待」という呪縛。

人はつい悪気なく、あなたに期待を寄せたり、「べき論」やステレオタイプを押しつけたりするものです。むしろ、良かれと思って言っている場合が多いくらい。「こういう人であってほしい」「こんな力を見せてほしい」という周囲の期待に自分を合わせようとすると、本来のあなたらしさから遠ざかっていくばかりです。

だから、少しでも違和感を抱いたら立ち止まってほしいんです。

その「らしさ」、いる？

麻理恵さんが人前に出る時も、世界で１２００万部ものベストセラーを書いた女性として「こんな振る舞いをしてほしい」という要望が寄せられることはしょっちゅうあります。

Netflixでドキュメンタリー番組を撮影している最中に、片づけの体験者の涙を誘おうと「マリエから、『亡き夫との思い出の品はありますか？』と体験者に質問してほしい」という演出のリクエストがあったことも。

一見すると、プロデュースとしては正しそうなアイデアにも思えます。番組がより感動的になる入れ知恵なのですが、ここに大きな間違いがあります。

こうして他人が足した演出で、本物の感動は生まれません。そうではなく、本来の姿、ありのままの状態をいかに守るのかが重要なのです。

「そんなことさせると麻理恵さんらしくない」と判断した僕は、「それはできない。でも大丈夫。自然な流れに任せてくれたら、片づけを進めていくうちに必ず本物の感動が生まれるから」とはね返しました（そしてやっぱり実際にそうなったんです。よかったら番組をご覧ください）。

外から押しつけられる期待よりも、あなたの内側からわき上がる「好き」や「楽しい」「やってみたい」を優先すること。

それを積み重ねていった結果、テレビの収録が苦手だった麻理恵さんは、カメラの前に安心して立てるようになり、今ではその時々で感じた気持ちを、彼女らしい言葉で素直に堂々と表現することができるようになりました。

自分らしい感性を活かして表現できるから、本人もラクなんです。

人前でスピーチをする時のメイクやファッションも、欧米人が期待する「日本人っぽさ」「アジア人っぽさ」という典型的なイメージに寄せるのではなく、あくまで麻理恵さんらしい表現を大切にしてきました。

だからこそ、彼女は唯一無二の存在になれたんです。

時には堕落しきってみよう

余計なものを引いて、あなたの中に眠るあなたらしい本来の姿を見つけていく。それが難しいと感じるなら、こんな方法もあるよという裏技を紹介したいと思います。

堕落すること。

人間は怠惰な生き物で、放っておくとどこまでも甘えていきます。僕は自分に甘い人間だから、よく知ってます。

この特性を逆手に取って、あえて堕落に身を委ねてみる。

僕の場合は、ネット上にある動画を見るのが大好きで、視聴しても何の得にもなりそうにないお気楽な動画を延々と視聴し続けることができる。

ソファに寝っ転がって、傍らにはジャンクフード。

麻理恵さんが「あー、またゴロゴロしてる」と冷たい視線を浴びせてくるけれど、かまわずに堕落。

すると、ある時点から変化が起きるんです。さんざん堕落しきってみると、「やば。いつまでこんなことやってんだろ」と、スーッと我に返るのです。

人間は常に揺らいでいる生き物で、陰と陽の間を振り子のように行ったり来たりしています。片端に思いっきり振れると、次はその反動でもう片方に振れていく。

つまり堕落しきった後は、強烈な引力でポジティブな意欲がわいてくる。この時、「自分はどう感じるか」を逃げずに見つめることが大事なんです。

徹底的にサボることで、やりたいことが明確になるというアプローチもある。そう覚えておいてください。いつか必ず戻ってくる自分を信じてみよう。

「あなたは素晴らしい」と言ってくれる人を大切にする

広島にある小さな島で生まれて、高校まで地元の公立校に通い、生まれて初めて上京して通い始めた大学にもなじめず、就職活動のエントリーシートを前に「何にも書けることないな」と呆然としていた僕。

あれから15年経った今、僕が自分本来の姿に自信を持てるようになって一日一日を楽しめているのは、「あなたは素晴らしい」と言ってくれる人に出会えたから。

「あなたは、あなたのままで素晴らしい」

こう繰り返し言ってくれたのが、妻であり、仕事のパートナーでもある麻理恵さんです。本当に感謝しかありません。

新卒で入った人材教育系の会社でがむしゃらに働いて、少しずつ評価されるようになって、そんな状況に満足しかけていた僕に、「あなたはそんなもんじゃない」と言ってくれた。「卓巳さんは、私よりもずっとすごい人だから」と。

あなたは、あなたの中にある本来の魅力や価値を信じて、「そのままでいい」「素晴らしい」と承認のシャワーを浴びせてくれる人と出会えているでしょうか。

もし出会えているなら、絶対に大切にしましょう。

そんな人、滅多に会えないんじゃないの？　と不安になるかもしれないけれど、今いないなら、自分から会いにいくための一歩を踏み出してください。

興味がある場所を訪れてみたり、おもしろそうな人の集まりに顔を出してみたり。やみくもに新しい出会いを求めて異業種交流会に参加するのではなく、あなたが「知りたい」「身につけたい」と思うテーマが学べる勉強会やイベントに参加すること。すると、同じような価値観や目標を持つ仲間に出会える確率が高い。

あなたが心からワクワクする方向に行動して、そこで出会う人たちとの縁を大切にするんです。

僕と麻理恵さんが出会ったのも、大学時代に学外のイベントに参加していた時、会場のエレベーター前で名刺交換したのがきっかけでした。

角を丸くカットした女子力満載のピンク色の名刺に、ヒラヒラのワンピースを着ていた麻理恵さんに僕が抱いた第一印象は「なんか変わった子だな。しかも片づけコンサルタントって何だろう?」。

一方で、麻理恵さんは僕に対して「なんか熱そうな人」と思っていたらしい（そりゃそうだ。当時は起業家に憧れて、「夢」と書かれたピンバッジを着けているような学生だったんだから。我ながら、青いなー）。

何者でもない学生なのに、「世界をもっと良くしたい」と熱く語っていた僕のことを、麻理恵さんは覚えていてくれたそう。

当時はまさか、将来のパートナーになるとはお互いに思ってもみなかったけれど、「同じ時に、同じくらいの熱量で、同じ場所にいた」という縁を考えたら、そうなる運命だったのかも、と思うわけです。

それから6年後に再会した時、僕は人材教育のコンサルタントとしてキャリアを積んでいて、目の前のお客さんのために働くことに必死な日々。

いつの間にか視野が狭くなっていた僕に、麻理恵さんは「あなたはもっと広い世界で挑戦できる、素晴らしい人だよ」と繰り返し言ってくれました。

僕が会社員を辞め、麻理恵さんと一緒に、「片づけを終わらせてときめく人生を楽しむ人を増やす」ことに全力投下する覚悟ができたのは、そんなエールのおかげです。

ちなみに、「素晴らしい」という言葉にも、魔法が宿っているんです。

「素」が「晴れる」と書いて「素晴らしい」。まさに本来の自分らしい素の輝きそのもの——「Be Yourself」というメッセージが込められた言葉なんです。

日本語には、「素（あなたらしさ）」を信じる精神がもともと宿っている。

そう思うと、なんだか守られているような気持ちになりませんか？

ネガティブから生まれるらしさが最強

「好き」「楽しい」「やってみたい」の原点が、実は最初からそう思えるものではなくて、もとは苦手を克服したことがきっかけだったという場合もあります。

そして、実はこれが最強だったりします。

その典型的な例が、麻理恵さんです。

実は彼女は、生まれつき片づけが得意だったわけではありません。

5歳の時に家にあった主婦雑誌をめくって家事に興味を持ち、お母さんから料理や裁縫、掃除などを楽しく教わっていたけれど、どうしてもマスターできない唯一の家事が、片づけだったのです。

何度片づけても、もと通りになる部屋……。「片づけを終わらせたい！」と研究を続けて、もうこれ以上磨けないというところまで磨ききって編み出されたのが、「ときめき」という基準でモノと向き合う「こんまりメソッド」でした。このメソッド自体が、彼女が人生をかけて磨き上げた結晶のようなものなのです。

できなかったことが克服できた時の、「できたー！」という感動がダダもれだから、人にもよろこんで伝えていける。苦手が起点だからこそ、本質的な問題解決になっていて、本物の価値として広がっていった。

人の心を読み解くメンタリストとして一躍、人気者になったＤａｉＧｏさんも、それを極めた理由はもともとコミュニケーションが苦手だったからだと明かしています。

書道家の武田双雲さんも同じです。今では『ポジティブの教科書』という本を書くほどポジティブの代名詞のような存在の双雲さん。そんな彼も、ネガティブな時期を経験しているからこそ、ポジティブでいられるように考え、勉強して、行動して、今の「ポジティブな武田双雲」になったそうです。

コンプレックスに対する「どうしても克服したい」という強烈な思いが唯一無二の価値へ昇華していった人はたくさんいます。

だからあなたも、もしかすると苦手なのにずっと続けていることの中に才能が眠っているかもしれません。ネガティブな部分だって、実は天から与えられた才能だったりするのです。

人は、ネガティブとポジティブの両面を持ってワンセット。ポジティブな力だけを活かすのでは、あなたの中に眠る能力の半分しか使っていないことになります。

あなたが自分の中にあるネガティブな部分と向き合って、「何とか解決したい！」と思うエネルギーが強ければ強いほど、解決した時に人の役に立てるようなものになるはずです。

無理にポジティブな側面ばかりを追いかける必要はありません。ネガティブな気持ちがあるからといって、落ち込んだり、その気持ちを消そうとしたりする必要はありません。むしろありのままの自分に向き合って、あなたの中にある正直な気持ちに気づくこと。そしてそれを活かしてあげること。

すると、本来の自分の活かし方が分かるようになります。

自分がネガティブに捉えているものに真剣に向き合った人は最強です。

本気で輝きたいなら、ネガティブにも向き合ってみませんか。

ネガティブなところまで見つめる頃には、きっとあなたらしさが少しずつ見えてきているはずです。ぼんやりとでも、本来の自分らしさを知ることができたなら、次のステージに進んでみましょう。

チェックシート

自分を知る

- ○ 自分の持ち物を片づける
- ○ 「やらないことリスト」をつくる*
- ○ TO DOリストの中でずっと残っているものを手放す
- ○ 予定のない休日の過ごし方を書き出し、自分が自由な時間をどう過ごしているのか確認する*
- ○ 日常生活の中で、無理なく続いていることを書き出す*
- ○ 心の中のモヤモヤを全部書き出す*
- ○ あなたが違和感を感じている他人からの期待を書き出し、それに応えようと頑張るのをやめる*
- ○ 「あなたは素晴らしい」と言ってくれる人に「自分の強み」「自分らしさ」を聞く*
- ○ 自分の考える「自分らしさ」を書き出す*
- ○ 苦手だけど、解決したいことを書き出す*
- 裏技 堕落しきった時、どう感じるのか試してみる

*書き出し方や聞き方の見本は
245ページからまとめています

第2章

自分を活かす

時代の文脈を読む

本来の自分を知り、内側にある「好き」「楽しい」「やってみたい」を始めたからといって、すぐに日の目を見るとは限りません。

世の中の流れや、たくさんの人々が求めているものと合致する時もあれば、しない時もある。

むしろ、しない時の方が多いかもしれません。


でも、焦らなくていい。ただ、じっと待つ。時が来るのを待てばいい。

焦って、世の中の流れに合わせようと、あなたの本来の姿をねじ曲げてしまっては意味がありません。

ただ黙々と自分の価値を磨くことに集中して、身近なところから発信し続けていく。するとー過性のブームではなく、大きな時代の流れに敏感になれます。

麻理恵さんと僕の場合は、大量生産・大量消費の時代を経て、人類は新しい課題である「片づけ」を求めていると気づけたことが、まさにそれでした。

国土が狭く人口が密集していて、経済的にも恵まれた日本でまず広がった「モノを減らして豊かに暮らす」という新しいライフスタイルが、21世紀に入って、9・11以降の価値観の転換や気候変動への関心の高まりで、ついに大量消費大国アメリカで暮らす人々にとっても、自分ごとになっていった。

加えて、こんまりメソッドの根底にある「モノを通して自分を見つめる」という精神性の高さも、時代の流れにフィットしました。世界的な禅ブームに見られるようなマインドフルネスの流れと、無理なく合わさっていったのです。

こんまりメソッドの中で象徴的な、「モノに感謝してから手放す」「家にあいさつをしてから片づける」といったルールは、20年前であれば欧米人にとっては不思議すぎる光景として、ほとんど受け入れられなかったかもしれません。

でも、麻理恵さんの本が翻訳される少し前には、アップル創業者のスティーブ・ジョブズが禅の思想をリスペクトし、その研ぎ澄まされた精神性をiPhoneなどのプロダクトデザインに反映させたことが、広く知られていました。

ほかにもシリコンバレーの経営者たちの間でヨガや瞑想がはやったり、心を見つめる時間の大切さについての関心が、これまでになく高まっていたり。

「これ以上、モノを増やしても幸せにはなれない」と、誰もが言葉ではなく身体的に感じるようになっていました。

そんな時代の流れの中で、日本からやってきたこんまりメソッドは、多くのアメリカ人に「超クール！」と受け入れられたんです。

Netflixの番組を観た人が印象に残ったシーンとしてよく挙げるのは、麻理恵さんが片づけを始める前に、家に手を合わせてあいさつするシーンです。

「神々しさを感じた」とまで言わせてしまうのは、彼女が本来大事にしてきた価値観と、時代が求めるものが完全に一致しているからでしょう。

時代にあなたを合わせるのではなく、あなたの価値を大切に扱っている中で時代が合ってきた。

大事なのは、この順番です。

僕たちがラッキーなのは、有史以来、今の時代が最も「個が活きる時代」だということです。インターネットの浸透によって、ほんの20年前の世界からは信じられないほど、個人の力が見いだされ、輝く時代になりました。

目の前の人に理解されなくても、世界のどこかにいる誰かが「いいね！」と言ってくれることでパワーを受け取れる時代。

「これからは個としてどんな価値をつくれるかが問われる時代です」と言うと、ちょっと身震いするかもしれないけれど、自分一人だけで勝負する必要もありません。

強みを補い合える人とつながって、強みの違いを活かしながら、世の中に貢献する方法を一緒に見つけていけばいい。
そう考えると、ちょっとラクになりますよね。
この時代を生きる幸運をたっぷりと味わいませんか、と僕は言いたいんです。

自分を知れば活かし方が見えてくる

自分の価値を活かす、と言うと難しく考え込んでしまうかもしれないけれど、もっとシンプルに考えてみてください。

苦手なことや気が進まないこと、つい後回しにしてしまうことを全部取り除いて、残ったもの。それを、無理なく続ける方法を考えればいいんです。

負担なく続けることを価値にしていくという順番です。

もう、頑張って続けるのは卒業しましょう。

麻理恵さんもそうでした。「片づける」という、多くの人が面倒くさがっても、自分だけは夢中で突きつめられるものを仕事にして、「片づけコンサルタント」というオリジナルの肩書をつくって動き始めた。

そんな行動の結果、見えてきた独自のときめきを軸に、そのメソッドや価値をたくさんの人に伝えたいと考えて本を書いた。さらに広く伝えるためにテレビに出演して、結果的に今では世界190の国と地域で知られるまでに発展していきました。

僕もまた、人とのコミュニケーションが苦にならないという特性を活かして、会社のマネジメントやSNSでの発信を楽しんでいるし、その人が持つ本来の魅力を引き出すのが好きだからプロデュースを生業《なりわい》にできている。

話すことも好きだから、対談や講演、音声メディアでの発信もノンストレスで続けていられるわけです。

「いろいろやっていてすごいね！」と言われるけれど、何ということはない。単に自分にとっては、「苦労なくできること」という感覚です。

自分を知れば、その活かし方が見えてくる。無理なく楽しんで続けられそうなことで人によろこばれることや役に立てることはないかな、と考えてみましょう。

例えば、人の話を聞くのが好きな人は、きっとカウンセラー向き。

細かな手作業に没頭できる人なら、小物をつくってネットショップで売ってみることから始めてみてもいい（最近は「minne」や「Etsy」といった個人作家専門ネットショップも盛況です）。

「ラーメン好き」が高じてただただラーメンを食べる映像をアップし続けているYouTuberもいます。

世の中を見渡せば、いろんな人がいろんなことで自分を活かしています。まずは情報収集して、その方法を研究、分析してみるといいでしょう。

「うーん、情報収集、ムリ。分析、もっとムリ！」と思ったとしたら、それが得意な人に相談してもいいんです。苦手なことは頑張らない。とにかくこれを徹底する。自分の強みで生きていく方法を考え抜きましょう。

自分を変えようと努力するんじゃなくて、自分の良さを活かす方法を見つけること。むしろ自分らしさを伸ばす努力をすべきなのです。

まずは誰か一人の役に立とう

自分の価値を活かすというのは、その価値を使って誰かの役に立つということです。

でも、どうやって？

まずは、たった一人でいいから、相手を決めて本気で自分を使い切ってみましょう。

例えばデザインが得意なら、独立したばかりの友達のサイトデザインを手伝ってみる。

お菓子づくりが好きなら、近々イベントを企画している知人に「こんなお菓子を用意するのはどうですか？」と提案してみる。

自分の価値を活かせる出番を、積極的に探してみよう。


麻理恵さんは、大学時代にまずは友達の家を片づけることから始めていました（本人曰く「趣味で片づけさせてもらっていた」とのことですが笑)。僕の場合は会社員時代、一人のお客さんに本気で向き合ったことがすべてのスタートでした。

それでよろこばれなかったら残念だけれど、もっとほかにあなたの価値を活かせる方法があるのかもと考えてみればいい。世界は広いのだから！

「助かったよ」「また手伝ってほしい」という好反応を得られたら、いい感じ。やってみたことのうち、何がよろこばれたのか？　自分が関わったことで生み出せた価値は何か？　ほかの人がした場合との違いは何か？

そう問いかけながら「自分の価値」をより細かく定義していくんです。

誰か一人の役に立つと、それは一つのトラックレコード（実績）になります。「自分の価値を活かせた事例」として別の人にも説明できるのです。

そこからどんどん広がっていく。

まずは一人のために、本気で事例をつくってみる。これがスタートです。

一つずつ丁寧に。途中で失敗してもいい

周りの人の活躍がまぶしく感じられて、「早く結果を出さないと」と焦ることも、ありますよね。でも、焦らずにじっくりといきましょう。

目の前にいる人の役に立つことだけに集中して、一つひとつ丁寧に。

相手の目を見て、相手の言葉に耳を傾けて、その人の人生を変えるくらいの価値を生み出すつもりで、全力を尽くしていくこと。

結果がパーフェクトじゃなくてもかまいません。大事なのは気持ちをきちんと注ぐこと。その誠意は絶対に伝わって、次につながっていきます。

そして、いつか本当に誰かの人生を変えるほどの成果を出せる日が来る。

それはあなたにとっても、人生を切り拓く大きな成功体験になるはずです。「この価値を磨いて生きていきたい」と思える、抱きしめたくなるほどの宝物が、形になっていくでしょう。

その日を迎えるまでには、失敗もします。試行錯誤だらけで当たり前。

僕も麻理恵さんも、最初からうまくいったことは何一つありませんでした。クライアントの思いをくみ取れずに怒られたり、地雷を踏んで焦りながら謝ったり。失敗の連続でした。

そのたびに、「本当はどうすればよろこばれたのか」と真剣に考えて、次に活かしていく。それを繰り返して「価値を活かす精度」を高めていったんです。

一足飛びに大きな成功を得られる近道なんてありません。本当に地道な道のりです。

ただ、一つひとつクリアしていくうちにいつの間にか遠くまでたどり着ける。立ち止まりも寄り道も、全部愛しい自分だけのトラックレコード（実績）になります。

脱マウンティングのススメ

ここでハッキリと言っておきたいことがあります。

自分を活かすゴールとして、「一番」を目指す必要はありません。

「二番や三番で十分だよ」と言いたいわけではなくて、ランキングそのものに意味がないのです。自分を活かすのに、上も下もないと思いませんか？

僕たちは慣れすぎてしまったのだと思います。「上に行くほどいい」という考え方に。でも、実際はそうではなく、それぞれの場所にそれぞれの幸せがある。

山登りを想像してみてください。

誰しも最初は頂上を目指して登り始めます。ただし、必ずしも頂上まで到達する人だけが偉いわけではありません。「この山は7合目の景色が最高で、山小屋のご飯がうまいんですよ」といった情報を伝えられる人にも価値がある。てっぺんを極めた人だけが誰かの役に立つわけではなく、むしろ圧倒的に多くの人の役に立つのは、もっと身近な目標を達成した人の方です。

7合目まで登った人は、「僕も7合目まで行きました！」という人と気が合って、「あっちの湖は行きましたか？」と交流できたりする。

「Be Yourself」で生きていく世界にマウンティングは不要です。

どちらがすごいか競うのではなくて、「どっちもいいよね」とお互いの違いを認め合える世界の方が、ずっとヘルシーでピースフル。僕はそういう世界をつくりたい。

そんな世界では、「自分には価値がない」と思い込んでいた人たちも、きっと息を吹き返すはずです。子育てに一生懸命の主婦・主夫のみなさんであれば、子どもにその子らしい人生を歩ませるという、その人にしかなしえない素晴らしい価値を生み出しています（事実、子育てはスーパーマルチタスクで非常に高度な仕事！）。

麻理恵さんだって、これまでの評価軸にとらわれていたら、「片づけを極める」という行動はしなかったでしょう。言ってみればただの片づけ。そこで一番になるという発想すらなかったと思います。

そうじゃなくて、「わたしはこっちの場所で生きていく」と新しい野原に根を張ったら、花が咲いたんです。


時には極めていないくらいの方がちょうどいいことだって、往々にしてあります。極めてない方が身近に感じられて、ちょっとした時に気軽に相談しやすい。それだって素晴らしい価値なんです。

だからこそ、下手の横好きでも恐れずに「好き」を続けていけばいい。

「ちょっと詳しいです」くらいでもいいから、まずは自分の好きを活かしましょう。

そんなあなたの力を待っている人もいます。

ひとまず、誰かと自分の差を測ってはため息をつく苦しさとは、もうサヨナラ。息を切らさず歩いていける場所で、生きていきましょう。

自分らしくいれば自然に輝きだす

余計なものを取り去って、本来のあなたの姿に戻った時に何が起きるのか？

僕が目撃した体験をご紹介します。麻理恵さんがアメリカに渡ってから起きた変化――世の中にもたらす価値の変化についてです。

お客さんの自宅を訪問して片づけのコンサルティングを始める時、麻理恵さんは必ず、家にあいさつをします。これは家に感謝を伝えるというセレモニーでもあります。それは日本にいる時からずっと続けてきた、彼女が大切にしている習慣です。

「Netflixの番組を見てビックリしました。あれってテレビ向けのパフォーマンスでしょ!?」と日本人から驚かれることの多いこと、多いこと。
違うんです、ずっとやっていたんです！
ただ、日本ではそこにスポットライトが当たらなかっただけなんです。

日本で頻繁にテレビに出演させていただいたり、取材を受けていたりした頃も、麻理恵さんは同じように正座をして、住む人の人生に寄り添ってきた家に感謝の言葉を口にしていました。

でも、テレビ収録ではカットされることがほとんど。「ちょっと変わった人という印象を与えそう」と、敬遠されるケースが多かったんです。だから、なんとなく日の目を見る機会がないままでした。

麻理恵さんの日本でのイメージは、「片づけマニアのかわいいお姉さん」という感じ。バラエティ番組では甘い顔立ちとギャップのあるちょっと毒を含んだコメントでお茶の間の笑いを誘ったり、服をコンパクトに畳んで、「ほら、自立します」と会場の歓声を呼んだり。

本人も、当時はそれが自分の役割なのだと思っていたのだそう。ただ、時には無理をすることもあったようなんです。

それがアメリカに渡った途端、興味を持たれるポイントがガラリと変わりました。手を合わせて家に感謝をするセレモニーにこそ、こんまりメソッドの神髄があると注目され、テレビの取材でもガッツリと放送されるようになったのです。

「なぜマリエは、まるで瞑想しているように正座をして家と向き合っているのか」撮影時の彼女の様子を見たスタッフは、繰り返しこう聞きました。

家に感謝を伝える習慣をきっかけに、麻理恵さんはテレビの前で、20年以上かけて磨いてきたこんまりメソッドの本質を説明していきました。

「ときめきを基準に選ぶことの大切さ」「感謝して、手放すこと」「モノを通して人生に向き合い、人生の質を高めていくこと」──。

すると、テクニックの魅力と同時に、こうした精神性の高さや本質的なメッセージに価値を感じてもらえるようになったのです。

単なる家を片づける一つのメソッドから、生き方そのものを考え直すライフチェンジングな体験としての価値が見いだされるようになりました。

自分らしく振る舞っていいんだと心が解き放たれた麻理恵さんは、どんどんと自然体になっていきました。

そして本来持つ魅力が輝きを増して、爆発的にスパークしていったのです。

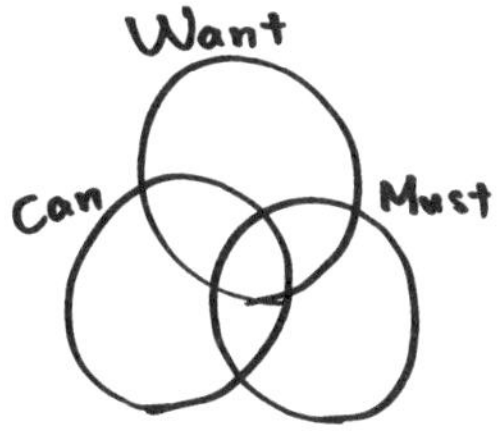

MUSTの円を小さくする

キャリアデザインを考えるフレームワークとして、いろんな場面で使われている「WANT」「CAN」「MUST」という3つの要素。

見たこと、聞いたことはありますか？　上のような図です。

「WANT」は、やりたいこと（動機や夢）。

「CAN」は、自分ができること（能力）。

「MUST」は、しなければならないこと（求められることや義務）。

3つの要素は同じサイズの円で、3つが重なる領域を見つけ

て仕事にすればハッピーに働けて、成長もできるという考え方です。

同じような枠組みで、リクルートが提唱している「WILL」「CAN」「MUST」というものもあります。

自分でやってみたい、しかも能力としてできることで、独りよがりではなく、「やらなければ」と思えることをする。「WANT」「CAN」「MUST」の3つのバランス、僕もとても大切だと思います。

ただし――。アメリカに来て、気づいたことがあります。日本人は「MUST」の円が大きすぎる！

日本人は上のようなイメージです。

自分の内側から生まれる「やってみたい」や「これができる」という感覚よりも、「やらねばならぬ」という義務の達成を優先してしまう。心当たりはありませんか？　無意識すぎて自覚できていないかもしれません。

この「TOO BIG MUST」現象は、自分らしい生き方を身につける時にジャマにしかなりません。

もちろん、役割として最低限やるべきことはしないといけない。でも過剰に期待に応えようとして「MUST」を膨らませていないかと、ちょっと冷静に考えてみてください。

「MUST」の円をできるだけ小さく、小さく。

すると、これまで遠慮がちに縮こまっていた「WANT」と「CAN」が息を吹き返して、ムクムクと膨らんでいきます。

そうしたら、まずは「WANT」を大切にして、得意になるまで磨いていく。

すると「CAN」が増えていく。その順番で、育てていきましょう。

あなたの中に眠る本来の自分は、活かせそうですか？

「今、有名か」は関係ない

素晴らしい価値があるのに、なかなか一歩を踏み出せない。そんな人のなんと多いことか。とてももったいないないと感じています。

踏み出さない理由はいろいろあるのだろうけれど、その一つはきっと「わたしはそんなに有名じゃないし」「ほかにもっと成功している人はたくさんいるし」「オレが今、これをしたところでどうなるの」という無力感だと思います。

僕が言いたいのは、今この時点で名前が知られているかどうかは、まったく関係ない、ということ。

結果的にどうなるかということよりも、大切なのは今、自分が心地良いか。自分の心がよろこぶ状態でいられているかどうか。


心がよろこぶと、自然と本来の力が発揮できるようになります。

すると、周りもよろこぶような価値が生まれていく。

そして、もしかしたら有名になるかもしれない。

たとえ有名にならなかったとしても、あなたと周りの人たちが笑顔になるなら、それだけでもう十分に幸せですよね。


有名になるかどうかは、時代の流れや時の運もあるから、気にしない。いつか流れが来た時に、波に乗ればいい。その波も、無理やり自分で引き寄せるのではなく、目の前に来た時になめらかに乗っていく感じです。波に乗る話は、また後でじっくりと。

チェックシート

自分を活かす

- 大きな時代の流れについて勉強する*
- 第1章で見つけた「自分らしさ」を活かす方法を書き出す*
- 「自分らしさ」を活かして、人に役立てる仕事を書き出す*
- 友達や知人、同僚など、あなたが「自分らしさ」を役立てたい相手を考える
- 実際に「自分らしさ」をいろいろな方法で活かしてみる
- 「自分らしさ」を活かした結果、どうなったのか。成功例と失敗例を書き出し、振り返って分析する*
- どちらのスキルの方が上、下という考え方をやめる
- 好きではないことと、「自分らしさ」を感じないことをやめる
- 日常生活や仕事の中で「～しなければならない」と考えていることを減らす
- 自分が「今、有名か」と気にすることをやめる

*勉強法と書き出し方の見本は245ページからまとめています

第3章

自分を発信する

最初は良き「受信者」になろう

「好き」や「得意」を活かして、少しずつ誰かの役に立つような経験ができてきた。そうしたら、次はそれを発信するステージに移ります。

第3章では、あなた自身やその活動を、外の世界に向けて発信する方法についてお伝えします。

とはいえ、唐突に「発信」といっても、何を使ってどこに向けて発信すればいいのか分からない人も多いはず。

それにこのご時世です。間違った発信をすると、批判されたり炎上したりすることもあります。発信に対する不安は誰だって感じているでしょう。

だから、いきなり発信する必要はないんです。発信する前に、まずは「受信側」として研究することからスタートしてみましょう。

すでにたくさんの情報を発信している人の中から、あなたが共感・尊敬できる人を探して、SNSをフォローしてみたり、メルマガを購読してみたりして、ひとまず発信を「受け取る」ことを、意識的に始めてみてください。

すると、いくつか気づくはずです。

「こんな言い回しで情報を届けてもらえるとうれしいな」とか「あ、この伝え方はちょっと引っかかるな」とか。

自分がこの先、発信することを前提にまずは良き受信者になってみる。この経験が発信者になるための大切な予習になるのです。

最初は無料で受け取れるものから始めて大丈夫。

でも、よりオススメしたいのは、お金を払って受け取ること。より深く学びたいと思える人を見つけたら、有料ブログを購読したり、セミナーやオンラインサロンなどにお金を払って参加したりして、もっと踏み込んでみましょう。

お金を払うと一層「何をされたらうれしいか」「何をされたら悲しいか」をリアルに実感できるようになるはずです。


「お金を払ってでも知りたい」

「お金を払っただけの効果があったな」

そんなふうに思える価値とは、どういうものなのか。

まずはあなたがお金を払って、研究してみましょう。

お金を払って受け取ろう

お金を払って受け取ることのメリットについて、もう少し続けます。

発信する側の立場になって考えると、無料で受け取る人よりも、お金を払って受け取る人に、より質の高い有益な情報やサービスを提供したいと考えるのは、自然なことだと思います。

お金を払って受け取るメリットは、その恩恵を受けられることにもありますが、それ以上に、受け取るあなたの気持ちもまったく違うはずです。

「せっかくお金を払ったんだからきちんと吸収しよう」という意欲がムクムクとわいてくるはずです。

僕自身も、これまで、情報を得ることには相当投資をしてきました。

僕がTwitterを始めたのは、実はたった10カ月前の2020年2月のこと。この時も、会社員時代の後輩で、今はビジネスプロデューサーとして活躍する山田研太（やまけん）さんの有料note（ブログ）を購入して、ツイッターの研究から始めました（僕が購入した有料noteは「Twitter運用とマネタイズの全技術 ~Twitterがあらゆるビジネス課題を30日で解決する~」）。

一定の原理原則やルールを理解した上でTwitterを始めたので、とても楽しく、健やかに利用できています。

余談ですが、僕は本を買う時も、中古ではなく、新刊を定価で購入しています。たとえ中身が同じでも、自分の吸収力が変わると信じているから。投資した分、回収したくなる。もったいない根性をうまく使って、自分を育てているんです。

人がわざわざ高い会費を払ってトレーニングジムに入会するのも結果を出したいからでしょう。なぜ結果が出るのかといえば、お金を払っているからにほかなりません。

投資した分だけ頑張ろうとする自分のために、毎月の会費を支払っているのです。

麻理恵さんも、お金を払って自分を育てるのが上手な人です。

彼女が1冊目の本『人生がときめく片づけの魔法』をヒットさせることができたのは、憧れていた出版コンサルタント・土井英司さんの有料セミナーに通って得た学びが、ふんだんに活かされているからです。

実は、これには裏話があります。当時の麻理恵さんは最初、有料セミナーに参加することに二の足を踏んでいたのだそう。社会人になって間もない彼女にとって、参加費は決して安い金額ではなく、「無料のメルマガ購読だけでもいいかな」とずっと迷っていたのだとか。

するとある時、土井さんが「参加費1万円、ただし参加した人には会場で参加費をキャッシュバックします」という特別セミナーを開催したのだそうです。

興味を持った麻理恵さんが参加してみると、そこに集まった人たちはみんな、土井さんから愛のお叱りを受けました。「そんな意識のままだと、いつまでたっても成長できませんよ」と。

そこでガツーンッと衝撃を受けた麻理恵さん。それ以来、積極的にお金を払って学ぶようになり、その結果、ますます有益なインプットの機会に恵まれ、その先に今の成功があります。

もちろん、中には値段ばかりが高くて内容が伴わないようなものもあるかもしれません。すべてが納得できる結果になるとは限りません。

ただそんな経験も含めて、きっと、あなたが発信するための学びにつながっていくはずです。どうぞ試してみてください。

最前列でかぶりつけ

お金を払って受け取ろうと決めたら早速、あなたの心がキュンと躍ったり、アンテナがピンと立ったりするるような場所に、どんどんと出かけてみましょう。

例えば、尊敬する人や考えに深く触れたいと思う人のセミナーや講演会は、その存在を知った瞬間に申し込む。そのくらいの瞬発力でいい。

迷ったって、時間のロスになるだけです。人生がもったいない。

「自分なんか」とモジモジしてチャンスを逃してしまうのか、気負わずパーンと目の前の扉を開けるのか。選択次第で、その後の道は大きく分かれます。

おじけづく理由は、大抵は自意識過剰。「お前が来るところじゃないと思われるんじゃないか」とか「恥をかいたらどうしよう」とか。

大丈夫です、誰もそこまでほかの人のことは気にしていません。

それに、恥をかいたところでどんな損失があるというのか。そこに行けただけで吸収できる学びの方がはるかに大きいはずなのに。


会場に行ったら、すぐに最前列をゲットしましょう。

せっかく足を運ぶのだから、その空間、その時間を最大限モノにできるよう、かぶりついていこう。最近だとオンラインイベントも多いから、最前列は存在しないかもしれないけれど、それでも気分は最前列で！

話は集中して聞いて。できればメモを取りながら。質疑応答の機会があるなら必ず手を挙げて。

質問する順番は最初か最後がオススメです。ステージ上の憧れの人の印象に残るくらいのいい質問を練り出そう。自分でつかんだチャンスを最大化する練習だと思って、勇気発動モードに切り替えて。

なんて偉そうに説明している僕も、20代の頃はモジモジしてチャンスを逃してばかりいました。せっかく講演会に参加したのに、会場の雰囲気におじけづいて、身を隠すように後ろの席に座ったり。講演後の名刺交換の列には一応並んでみるけれど、「多分ここなら、順番が回ってくる前にクローズされるよな」という場所にいてみたり。スーパー消極的な参加者だったんです。

でも、勇気を出せなかった日の帰り道では、決まって「何のために行ったんだっけ」と自己嫌悪に陥って。

そんなに及び腰で参加するくらいなら、一人でラーメンでも食って帰った方がよかったんじゃないか、といった後悔を繰り返していました。

そんな弱気な自分がイヤになった。もう自分を変えようと思った。

そしてある日、思い切って「最前列に座る！」と決めてから、どんどんと楽しくなって、行動はより大胆になっていきました。

外食産業の有名経営者の講演を聞きに行った時には、講演後にあえて早めに会場を出て、エレベーターホールの前で出待ち。

案の定、やってきたその方に「僕はこういう者です！　僕は、○年後までにこんな夢を実現したいです」とひと息でプレゼンしました。

なぜ突然そんなことを言ったかというと、その経営者というのが、ワタミグループ創業者の渡邉美樹さんで、彼は当時「夢に日付を！」と繰り返しおっしゃっていたからです。

初対面の若造の行動としては、とても無礼だったはずだけれど、渡邉さんは笑顔で「おもしろいね」と、僕に名刺を渡してくれました。

後から分かったことですが、麻理恵さんも講演会の聴衆側だった20代前半の頃には、最前列で聞くタイプだったそうです（意外っ！）。

その姿が登壇者の目にとまって、普通はシニアマネジャー以上しか参加できないようなセミナーに案内してもらえたりして、学びのステージがスルスルッと上がっていったのだそう。

「自分なんか」を脱ぎ捨てて、恥をかきながら抜きん出る。

このトレーニングを繰り返していくと、どんな場所に行っても気おくれしなくなります。すごい人とも自然体で話せるようになって、仲間にだってなれるんです。

あなたも、遠くまで羽ばたける翼を手に入れよう。

そのためにはまず、最前列でかぶりつこう！

自己表現を始めよう

本来の自分らしい姿に戻って、自分の活かし方が少しずつ見えてきて、情報の受信者として感度を高めたら、いよいよあなた本来の魅力をもっとたくさんの人に知ってもらうために、発信する段階に入ります。

人を振り向かせるのは、やっぱり情熱。

最初は自分の内側にある「好き」「楽しい」「やってみたい」を見つけることから始まったあなた自身の探求も、いろんな情報を得て、いろんな人と出会っていくうちに、もっと外に発信したいと考えるようになってきているはずです。

その気持ちを、そのまま表現するだけでいいんです。
今、あなたが大切に思っていることは何か。
これから、何がしたいのか。
自分のできることの中で、何を世界に役立てたいのか。
どんな未来を引き寄せたいのか。

遠くまで伝わるように表現して、発信してみましょう。
その時のポイントは、最初から完璧を求めないこと。まずは発信するだけでオーケー。それってすごいことです。だから、まずはハードルをグーンと下げておくこと。それだけでも発信する負担が大幅に小さくなります。

あなたのまま、素直に発信していると、それを好きだと言ってくれる人が集まってきます。仲間づくりの方法は第4章であらためてじっくりお伝えします。

得意な表現方法を選ぼう

あなた自身の価値を見つけて、発信して、遠くまで広げていく。

この伝えるための手段は、あなたが得意とする表現方法を選ぶのがオススメです。

麻理恵さんの場合、それは「書く」という方法でした。

もともと文章を書くのが好きで、緻密な校正作業がまったく苦にならないタイプ。初めての本『人生がときめく片づけの魔法』でも、麻理恵さんは毎日毎晩、原稿とにらめっこをして、文章の細かなリズムを整えたり、「てにをは」を入れ替えてみたり。自分が伝えたいメッセージと文章をピタッと合わせることに、どこまでもこだわる。人前で話すよりも書いて表現する方が、はるかに自分の思いを伝えられるというのが、10年前の麻理恵さんでした。

そんな麻理恵さんも、最初は実名で発信するのが怖くて、「Konmari」というローマ字のアカウント名で、顔を伏せてブログ記事を書くことからスタートしたんです。

これが直接、仕事につながることはなかったけれど、「書く」という発信をコツコツ続けていた経験が、不特定多数の人に役立つ情報を伝える訓練になっていました。

そして情報の発信で培った力が、その後の本を書く時に活かされます。本がヒットしてからは、ブログやメルマガでの発信も実名でできるようになりました。

麻理恵さんは、「得意な文章で、存分に思いを伝える」という自分らしい表現方法があったからこそ、時には苦手だったテレビ出演にも挑戦してみようという気持ちが生まれたのです。

その後、「文字×写真」で表現できるInstagramでさらにファンを広げ、そして彼女の魅力を最大限に伝える動画コンテンツのNetflixへ発展していきました。

繰り返しますが、発信するポイントはときめく方法から始めるということ。

はやりの発信ツールに挑戦することも、素晴らしいことだと思います。

でも、得意でないものに、はやっているからという理由だけで安易に飛びついても、成功するとは限りません。「みんながYouTuberとして活躍しているから、動画に挑戦してみよう」と安易に考えないこと。

もしあなたがカメラの前でしゃべることが苦手なら、イヤイヤ話したとしても、きっとその動画はおもしろくないだろうし、効果的な発信にはならないはずです。苦手なことを続けることは誰にとっても苦痛だから、続きもしないでしょう。

だからやっぱり、あなたが楽しみながら続けられる発信からスタートするのが吉。するとを、効果が出るまでコツコツと続けられるし、もし効果が出たら自信もつきます。「ほかの方法も試してみようかな」という心の余裕も生まれて、もっと積極的になれるはず。

例えば、音声メディアという選択肢もあります。動画だと緊張するけれど、声だけならリラックスして本音が話せるという人もいるはずです。

大切なのは、自分にとって心地良く自分らしく表現できる媒体を選ぶこと。

かく言う僕も、「話すのは好きだし無理なく続けられそう」という理由で最近はVoicyという音声メディアで発信を始めました（Voicyの公式チャンネル「自分らしさで輝くプロデュース」も聞いてみてください）。

あなたの魅力を伝える方法も、素直に、自分らしく。

どこまでも、「Be Yourself」を貫こう。

最初はリツイートだけでいい

「自己表現って……これまで発信活動はほとんどやってきていないしなぁ。文章書くのも苦手。何していいか分からない」

こう、途方に暮れてしまう人には、とてもお手軽な方法を伝授します。

まず、Twitterのアカウントをつくりましょう。アカウント名は本名がオススメだけど、あなたがストレスフリーで発信できることを優先しましょう。

普段から好きで注目している人やおもしろそうな人のアカウントを検索してフォローします。誰でも自由にフォローできるのがTwitterの素晴らしさです。

この時点で、発信したい言葉があなたの内側からワーッとあふれてきたら、そのまま身を任せていきましょう。

誰かを傷つけるような言葉でなければ、あなたの気持ちが何より大事です。

もし、何を書けばいいのか思いつかないなら、Twitterのタイムラインを眺めて「あ！　そうそう！　分かる分かる！」と共感できるつぶやきに、「いいね」を押してみる。これだけでも立派な自己表現です。

さらに、便利なのはリツイート。できればあなたのひと言コメントをつけてリツイートしてみましょう。「この人の考え方のこういうところがすごく好き。リスペクト！」。一瞬で自己表現ができるようになります。

ゼロから自分で表現しなくたって、他人の（しかも、すごい人たちの）言葉を借りてあなたの発信が完成する。こんな素晴らしい仕組みを活用しない手はないでしょう。誰でも、1分でできる自己表現。ここからスタートです。

つながるチャンスを逃さない

リツイートをする時、さらに一歩踏み込む方法として、@でつぶやいた本人にメンションを入れてみると、あなたの存在をつぶやき主に知ってもらえる可能性がぐんと高くなります。

え？　そんなことしていいの？　最初はビビッちゃうかもしれませんが、大丈夫。もちろん相手がどういう人なのかを見極める必要はありますが、共感やリスペクトを伝えてくれる相手に対して、イヤな感情を持つ人はほとんどいないはずです。ちょっとしたアクションで大好きなあの人とつながれるかもしれないのに、やってみないなんてもったいない！

「Twitterじゃなくてもオーケー。例えば、ブログで本の感想を書いてみてもいい。

本を書いた著者や編集者は、「どんな人がこの本を読んでくれているかな？」と、常にネットでリサーチしています。もしあなたが熱々の情熱あふれる書評をブログに書いていたら、きっとそれは見つけてもらえる確率が高い（僕のこの本の感想も大歓迎!! @takumikawaharaでメンションしていただけるとうれしいです）。


僕が「やるしかない」と言うのは、この現象は20年前には考えられなかった奇跡だから。インターネットが普及するまで、僕たちは大好きな人に思いを伝えるために、出版社にファンレターを送ったり、年に一度開催されるオーディションに応募したり、高額の講演会に申し込んだりしていました。

それが今では、すぐにつながれるルートが24時間オープン状態。

誰でも、何者にもなれる時代。この恵みを活用しない手はない。

ちょっとずつでもいいから、お試しあれ。

「意識高すぎ」の反応は〝動け〟のサイン

あなたが素直に、やりたいことを発信する。シンプルに行動してみると、周りの友達が驚いてネガティブな反応をしてくることもあります。それも結構、よくあること。

「なに、急に真面目なこと言ってるの？」

「意識高すぎじゃない？」

「らしくないよ、どうしたの？」

そんなブレーキ踏ませるような反応が返ってきても、腐っちゃダメ。

ある意味、それは受け入れるべきサイン。

あなたがいるべき場所は、ここじゃない。「動け」というサインです。新しい環境に移る準備をオススメします。

ありがちなのは、せっかく本来の自分を知って、自分を活かす方法も見えてきて、あなたの思いを素直に発信しても、周りの反応に潰されて「やっぱりやめた」と引き返してしまうパターンです。

友達にバカにされることもあれば、親がストップをかけることもある。あなたを引き止めるのがパートナーだったりすることも、ある。

でも、引き返さないでほしい。

あなたがすべきなのは、立ち止まることではなく、進むことだから。

進むってどこへ？

自分の素直な夢を「ブラボー！」と受け入れてくれる場所まで、です。そこにたどり着くまで、諦めずに進むこと。

難しそう？　いや、これだけインターネットが世界中に張りめぐらされている時代なんだから、全然難しくはありません。

最初は恐る恐るでもいいから、試しにひと言、ＳＮＳで発信してみてください。

きっと誰かが、「いいね」「スキ」と反応してくれます。

そんな発信を何度か繰り返していくと、きっとあなたの発信に心から賛同し、応援してくれる誰かとつながっていきます。

その出会いをつかむまで、本来のあなたがあなたらしく輝いていても浮かない場所まで進んでみる。

大丈夫。世界は、あなたが想像しているよりも、ずっと広いから。

流れが来たらそのまま乗る

普通に日常を送っていたつもりなのに、突然、強く引かれるような波を感じることはないですか？

これまでなかったとしても、ここまでのステップを実践してきたあなたには、きっと近々そんな波が来ます。そんな時はもう、一択。

思い切って乗る！

これが正解です。

不思議なんですが、なぜか見えざる手に引かれるような出来事は時々起こります。

特に僕ら夫婦には、そんな不思議な出来事が起こりやすいようです（決して怪しい理由ではなく、れっきとした根拠があるんだけど、それは最後の章でゆっくりと）。

アメリカへの移住を決めたのも、抗いがたい引力を感じたから。

麻理恵さんの本『人生がときめく片づけの魔法』が日本でミリオンセラーとなって、海外で出版されて忙しく過ごしていた頃、二人で出かける先々で、やたら〝屋久島サイン〟を目にすることが増えたんです。

カフェに入ったら屋久島のポスターが飾ってあって、「いいね。いつか行きたいね」と言ったのが始まりで、翌日には久しぶりに友人から連絡が来たと思ったら「屋久島に行ってきたよ！」という土産話。

さらに数日後、ご飯を食べに行った店で、別の屋久島のポスターを発見、「またか」。そんな偶然が立て続けに起こって、極めつきは、注文していたスピーカーが届いて開封した瞬間のこと。スピーカー本体とは別の包みに「おまけに屋久島のせせらぎのCDをお付けします」（フッー、付けんやろ！）。

「もう、行くしかないね。呼ばれてるよね」

そう腹をくくって屋久島に旅に出ることにしました。

屋久島は月に35日も雨が降ると言われるほど雨の多い島（実際に35日というのはありえないけれど、それぐらい雨がよく降るんです）。それも僕たちが訪れたのは台風の季節だったにもかかわらず、滞在した5日間とも奇跡的に快晴に恵まれて、とても気持ちのいい時間を過ごしました。

目の前の仕事に追われて、いつの間にか曇っていた視界がパーッと広がっていくのが分かりました。往復12時間のトレイルを経て、樹齢４００年の縄文杉を拝んで、心が丸ごと洗われたような感覚に。

ああ、やっぱり来るべきだったんだねと、二人で納得していました。

そして迎えた最終日の夜。

ホテルのレストランで晩ご飯をいただきながら、僕たちは自然と、「これから先」について、それぞれ思いをめぐらせていました。この時点でもうアメリカでの仕事が増え、年の半分はアメリカにいるような生活だったから、「移住」という選択肢がぼんやりとは浮かんでいました。

でも、なかなか決心できなかった理由は……英語！

二人とも英語でコミュニケーションできる自信が、まったくなかったんです。

そんな基本的なところで二の足を踏んでいたのに、この夜を基点に「行く」と心が決まりました。


何が起きたかというと、たまたまこの日、このお店で給仕係として働いていた女性が、僕たちの目の前で流暢に英語を話していたんです。外国人客と笑顔で話す様子がまぶしくて。

まぶしいだけじゃなく、悔しくもあった。「僕らだって、できるはずだよな」と。

これだけ世界展開の追い風が吹いているのに、「英語が話せない」なんて立ち止まって、勇気を出せないことが急に情けなく感じてきた。

こんなふうに追い込まれるのも、大きな流れなんだと受けとめました。

直感を信じて動く

渡米に向けて準備をしている間にも、流れを感じる出来事がありました。

久しぶりに友達から連絡が来て、「卓巳にどうしても会わせたいヤツがいるんだ」と言うんです。

連絡をくれた彼は、学生時代の政治家秘書のインターンシップで一緒になり、いつも飲み会で熱く語り合っていた間柄でした（正確にはよく言い争ってました笑）。

彼は東大を出た後、大手証券会社を経て某有名私立大で研究者になっていましたが、グラスゴー大学への留学が決まり、日本を離れることになったそう。

だから、「すぐにでも紹介しておきたい」と。

「ありがとう。いつ日本を発つの？」「明後日」「え！　会えるの明日しかないじゃん」

急きょ段取りをしてご飯を食べに行くことに。そこで引き合わせてもらったのが、実はその後、僕たち夫婦と一緒にアメリカで事業をやっていくことになる人物でした。日本人ですが18歳までアメリカで育ち、これまでにもアメリカで複数の企業の経営やスタートアップ支援をしているという、すごいヤツ。アメリカのビジネス事情に精通している経験とセンスは、まさに僕らが必要としている人物像でした。

友人から連絡があった時、「忙しいからまた別の機会に」と言うこともできました。でも、何か意味があるような気がした。そう、感じたんです。

直感を信じて、動いてみる。

そこから大きく人生が拓けることはあります。

あなたが本来の自分らしい姿に戻って、魅力の活かし方を見つけて、発信する方法も身につけた。そうして今の環境で浮いてきたら、次は、今のあなたにしっくりときて、輝ける場所へ移動するタイミング。

環境を変えることには勇気も必要だけど、今のあなたなら大丈夫。進みましょう。

チェックシート

自分を発信する

- 共感する人や尊敬する人のメルマガ購読やSNSフォローなどを始める
- お金を払って講演会や勉強会などに参加する
- 講演会やセミナーで、最前列に座る
- 講演会やオンラインイベントで、コメントや質問をする
- 自分に負担の少ない表現方法が何かを考える
- やってみようと思った表現方法のサービスに登録する
- 自分自身で、情報を発信する
- SNSなどで、共感する人や尊敬する人の発信に絡む
- 友達や知人から「変わったね」と言われることが増えた
- “流れ”を感じたら、直感を信じてすぐに人に会うなど、実際に動いてみる

第4章

環境を変える

環境を変える5つのサイクル

自分の中にある「好き」「楽しい」「やってみたい」を見つけて活かし、発信できるようになっていったら、第3章でも触れたように、これまでなかったようなストレスを感じるようになることもあるでしょう。

違和感や、居心地の悪さのようなもの。

これまで親しくしていた人たちから、「急にどうしたの」「あなたらしくないよ」なんて言われたり。新しい挑戦の最中に、壁に直面して落ち込んだり。

思わず立ち止まって引き返しそうになる気持ち、よく分かります。

でも、ここから先の行動が「Be Yourself」を完成させるためにはとても大事。

次の5つのサイクルをどうか守ってほしいのです。

1　自分の素直な気持ちに気づく（本心）
2　自分の居心地の悪い場所を離れる（離別）
3　自分らしくいられる場所に慣れる（拡張）
4　自分らしい価値を発揮する（活躍）
5　慣れた場所を離れる（挑戦）

それぞれの過程で起こる問題の解消法は後でお伝えするとして、まずはこの5段階の流れについて簡単に説明します。

まず「他人からどう言われるかは考えず、自分は本当はどうしたいのか」とあなたの内側と対話しましょう。素直な自分自身の本心を確認するのです（サイクル1）。

そして、あなたの心からの希望と、今あなたのいる場所が「合わない」と判断したら、思い切って離れてみる（サイクル2）。

離れることは、逃げじゃない。

あなたの価値がもっと発揮できる場所に移動して、もっとたくさんの人の役に立つようになること。

プラスの転換として考えてほしい。

一度にガラリと変えることが怖かったら、ちょっとした変化でも大丈夫。

新たに飛び込んだ先は、きっと慣れないことだらけでドキドキするはずです。

「場違いじゃないかな？」「こんなことをしたら笑われるかな？」とおっかなびっくりで、すぐにはなじめないかもしれません。

でも、それもすべて今輝いて見える人たち全員が通った道です。ちょっと無理をしながら、〝新しい自分〟へ羽化していこう（サイクル3）。

新しい場所に慣れてきたら、ここが「自分らしく生きる」場所のど真ん中。

さぁ、価値を発揮しよう。とにかく、自分の強みを活かして価値を生みまくる！

やりたいこととできることがバチーンとハマって、とにかく楽しい。結果が出る。

新しいチャンスが舞い込む。それも形にする。進むほどにステージが上がる、マリオのスター状態になるはずです（サイクル4）。

この時期にはチームづくりも重要です。お互いの強みを活かし合い、弱みを補い合う仲間と出会っていきましょう。共に目指すゴールを確認し合いながら、素敵なチームになっていく。仲間を獲得するためのチャンスは、貪欲につかんでいこう。


こうやって楽しく自分の価値を発揮し続けていると、いつかやってくるのが、手放すタイミング（サイクル5）。

居心地良く慣れた場所をあえて離れて、次の挑戦へ向かっていく。役割のステージを一段上げて、もう一度チャレンジャーに戻ることを決意をする。

人生100年時代。先はまだまだ長い。だから新しい自分に生まれ変わるきっかけを自分でつくることがとても大切です。

あなたのその決断は「次に座る人」に席を譲るという貢献にもなります。

1　自分の素直な気持ちに気づく（本心）

2　自分の居心地の悪い場所を離れる（離別）

3　自分らしくいられる場所に慣れる（拡張）

4　自分らしい価値を発揮する（活躍）

5　慣れた場所を離れる（挑戦）

このサイクルのうち、1から2、3、4、5と進んで、また3に戻る。

そのサイクルを繰り返していけば、ずっと自分自身の価値を高め続けられるのです。

そして行き着く先は、「どこにいても自分自身になれる」「自分は何かと意識せずとも、自然体で価値を発揮できる」という無我の境地。

これこそ、最強・最幸の生き方です。

とはいえ、環境を変えるプロセスにはいろいろな迷いが生じます。第4章では、それらを解決するヒントをお伝えしたいと思います。

最低ラインを知れば不安は消える

環境を変える前に、一つだけとても大事な心構えがあります。

それを教えてくれたのは、尊敬する友人でもある執筆家の四角大輔さん。彼はレコード会社プロデューサーとして数々のヒットを飛ばした後、現在は「場所に縛られない働き方」を実践して、ニュージーランドの森の中にある湖畔の家で半自給自足の生活を送っています。生活コストを最小限に抑えるためだそうです。

彼から聞いて納得したのは、「自分が生活できる最低ラインを知っていれば、何も怖くなくなる」という言葉。四角さんの場合、「釣竿1本とバックパック」（いくらなんでもミニマムすぎる！）というのが最低ラインの基準だそう。

僕も狭いアパート暮らしで独身生活を送っていたので、「ここまで生活レベルを下げても生きていける」という基準はとても低い方。会社員時代は、給料のほとんどを仕事相手でもあるお客さんとの飲み代に費やしていたから、いつもスレスレの暮らしでした。

「大失敗したら、またあそこから始めればいい」。今でもそう感じているから、思い切って挑戦できるんです。

麻理恵さんにも、「もし何もなくなったら、片づけレッスンに行けば生きていくのには困らない。卓巳さんがやってみたいなら挑戦したらいいよ」と言ってもらっています。本当にありがたい。

そういう意味では、実はまだ何者にもなっていない時って最強。

現時点で何もないというのは、ここから先、いくらでも強気の挑戦をできるということ。ベンチャー企業の強さと似ていて、「持たざる者」だからこそ、大胆でスピーディな意思決定ができるんです。

挑戦するのが怖いなと思ったら、「最低ライン」を具体的にイメージしてみよう。

あえて違和感のある場所へ自分を連れていく

本来の自分に戻って、その活かし方を知り、そして発信していく――。素直な自分の気持ちに気づいて、環境を変える覚悟ができたら、いよいよあなたがもっと自分らしくいられる場所へ移る時です。

自分が自分らしくいられない居心地の悪い今の場所。ただそれでも、これまでいた場所を離れるのは不安を感じるものです。

今の場所に居続ける方が傷つかないし、ラクでもある。快適なゾーンにずっととどまりたくなる気持ちもよく分かります。

でも、それではいつまでもそこに居続けるだけ。一生、変われません。そしてこの場所が永遠にあるとも限らないのです。

だから、自分を連れていくんです。違和感のある場所へ。

最初は居心地が悪くても、成長できそうなまぶしい場所へ。

人材教育の世界でよく言われるように、人が成長するには「uncomfortable zone（居心地の良くない場所）」に身を置いた方がいい。ちょっと気おくれするくらいが、ちょうどいいんです。

僕自身、社会人時代には、憧れの人が出席するセミナーやパーティに参加して、どう振る舞っていいのか分からず、居心地の悪い思いをしたことがあります。意識の高そうな人たちが集まる高額セミナーに出席した時は、とにかく恥をかかないように一生懸命背伸びをしていました。ガチガチに緊張して。

自分以外はみんな、キラキラしているように見えるけれど、本当に大丈夫。

最初は動悸が速くなるかもしれないけれど、ドントウォーリー。

大丈夫。ここにいるみんなが通ってきた道だから。むしろ、「おー、来たか来たか。頑張ってるね」と温かく迎えてくれていると思っていい。

恥を乗り越える勇気を持った人には、間違いなくご褒美が待っている。

かつては怖がりだった僕が言うのだから本当です。

てっぺんを目指さなくたっていい

自分の価値を世界に認めてもらえる人なんて、ほんのひと握りでしょ？

そう思いますよね。その通りです。

麻理恵さんのように190の国と地域にメッセージが届いて、レッドカーペットを歩ける人なんて滅多にいません。そして、そんな麻理恵さんも世界の舞台に立てば、ほかに素晴らしい賞をもらっている人がたくさんいることが分かります。

そう、「てっぺんなんてない」。その事実を僕たちはよく分かっています。

だから、てっぺんを目指さなくていいんです。


前の項で僕は、「あえて違和感のある場所へ自分を連れていこう」と伝えました。

ただその目的地が、みんながみんな、てっぺんである必要なんて全然ない。

だって、ごく一部の人しか到達できないからてっぺんなんですもの。

もっと言えば、てっぺんまで行かない方が、その人らしい価値を生み出せるということはたくさんあります（94ページ「脱マウンティングのススメ」でもお伝えした通り！）。


山の形を想像してみてください。

てっぺんの位置と5合目くらいの位置、どちらが裾野に近いですか？

麓から山を見上げた時に、どちらが「自分も行けそう」と思えますか？

これからはほどよい親近感が求められる時代になるだろうと、僕は思っています。

はるか遠くのスーパースターより、親切でカッコいい近所の兄ちゃん。いつも親身になって話を聞いてくれるお姉さん。そんな存在がありがたがられる時代です。

要は、あなたが一緒に関わりながら役立てる人をどれだけ増やしていけるか。

「自分もできそう」と思える人を増やすこと。希望を伝播していくこと。

もちろん、てっぺんまで登れた人だけが見渡せる世界の素晴らしさもあるけれど、そこまで行かなくたって十分に価値になるんです。

「当たり前」の基準を変える

過去の自分にサヨナラして、新しい自分の居場所が見つかった。

それでも最初は少し、大変な思いをするかもしれません。自分らしくいられる場所に慣れる必要があるからです。

かかとをグッと上げて、腕を伸ばして、必死に勉強しながら、視座の高い人たちと付き合っていく。こうして新しい環境に慣れていくと、自分の中の「当たり前」の基準が変わっていきます。


僕も会社員を辞めてから、付き合う相手に経営者が増えて、当たり前の基準が一気に変わりました。経営者仲間との交流を通して、社会や世の中に対して、僕たちの会社が何をできるのかと考えるようになったんです。

仕事の進め方も、会社や上司に与えられた期日を守るのではなく、自分で期日を決めて動くようになりました。自分で決めて、自分で未来をつくっていく。「自分の未来は自分で決めたことの結果である」と考えるようになりました。

お金に対する見方も転換しました。稼ぐだけじゃなくて、誰かの投資を受け取ることだってできる。むしろ投資を受けるに足るくらいのおもしろいアイデアや挑戦をしていれば、必ず誰かが応援してくれる。だからこそ、「お金がない」と不満を言う暇があったら、すぐにユニークな挑戦を始めた方がいい。するとその挑戦をおもしろがってくれる人と出会って、助けてくれるようになる。

ただ、挑戦するかどうかを決められるのは自分だけ。だからこそ、自分で自分を高められる場所へ行かないといけない。

周りで次々とおもしろい挑戦をする仲間と出会ううちに、僕の中で挑戦に対する精神的・物理的なハードルはどんどんと下がっていきました。今では僕も迷ったら自然と誰も挑戦したことのないようなおもしろい選択肢を選ぶようになったのです。

「当たり前」とはあなたが平常運転の時に自然と選ぶ行動パターンや意思決定のあり方のことです。

どういう人と一緒に、どんな未来をつくっていきたいのか。
そんな基準が、アップグレードされていく。

少し前までは「意識高いな」と思われがちだった言動が、フツーに受け入れられてうれしい。前の自分では考えられなかった規模のプロジェクトが降ってきても動じなくなってきた。そんな実感を持てるようになってきたら、あなたの「当たり前」の基準が変わった証拠。どんどん突き進めばいい。

いつも振り返ってほしいのは、あなたが心からその変化を楽しめているかどうか。変わることを楽しみながら伸びていくのと、周りに合わせて無理をするのでは大違い。もし後者かもと思ったら、あらためて自分に問い直してみてください。

「素っ裸」で会いに行こう

いきなり何だ？　と驚かせたなら、ごめんなさい。

僕が言いたかったのは、「価値観を共にできる仲間と、どうやったら早く出会えるのか」という問いに対する答えです。

繰り返しますが、あなたをあなたらしく輝かせるには出会いが大事。

共感・共鳴し合える仲間の力を借りることが必須なんです。

では、共感・共鳴できる仲間を引き寄せるには何をすべきか。

まずはあなたがストレートに、あなたの価値観を表現していくのが近道です。

新しい環境に慣れるにはどうすればいいのか。それはカッコつけたり、背伸びをしたり、鎧をまとったあなたには、もうならないこと。自分を大きく見せようとしても、「この人は本音でしゃべってないよね」と相手はお見通しです。

仮に一瞬気が合ったとしても、本音で響き合うまでは、お互いに腹を探る時間が続いてしまいます。それはムダな遠回り。

だから素っ裸で会うといいんです。

でも、自分から素っ裸になるのは怖いですよね？　否定されたらどうしよう。理解されなかったらイヤだな。そんな不安を感じるのも分かります。

そんな時に考えてほしいのが、理解し合えない状況でその人と過ごす時間が増えることが幸せなのか、それとも本音で理解し合える人との時間が、人生に増えていくことが幸せなのか、ということ。

これはあなたが選べばいい。どっちがいい・悪いなどはありません。ただ、選べるということだけ知っておいてほしいんです。

僕のオススメは素っ裸。いや、いきなり脱ぎ切るのが怖いなら、ちょっとだけでも薄着にしてみる。

実は僕も会社員時代はガチガチに鎧を着ていました。自分に自信がなくて、人に弱さを見せるのが怖くて。

本当の意味で素っ裸になれたのは、アメリカに渡ってからのことでした。世界のセレブリティや映画監督、音楽プロデューサーといった超一流の人たちと交流してみると、第一線で活躍する人たちはみんな偉ぶらず、オープンでフランク。突き抜けた人たちは、みんな優しい。この事実に、衝撃を受けました。

でも、思えばそれは当たり前のこと。プロフェッショナルな自分に自信が持てていれば、ムダに鎧をまとう必要はありません。オープンでいる方がいろんな情報も集まるし、仕事でもコミュニケーションが円滑になる。お互いに信頼関係を築いて仕事ができるから、本当の意味でクリエイティブな作品を生み出せる。

自分のできないところやダメなところまで正直に伝えた方が、お互いに付き合いやすくもなります。

当たり前のように強さも弱さもさらけ出して素っ裸でいる人たちに囲まれる中で、僕も自然と薄着になり、あっという間に素っ裸になっていきました。

誰にだって強みも弱みもある。だったらそれを率直に表現してみよう、と。

だからあなたも、「わたしはこれが好きです。こんなことのために生きています」とストレートに表明してみよう。それで離れる人とはどうせ長続きしません。等身大の、素っ裸のあなたの表明に「いいね」と共感・共鳴してくれた人と語り合う方がずっと効率的だし、何より気持ちがいいはずです。

さあ、もう一度。鎧を脱いで、素っ裸で会いに行こう。

目の前のチャンスを逃さない

麻理恵さんが雑誌「TIME」の「世界で最も影響力のある100人」に選ばれて、二人でパーティに呼ばれた時も、最初は緊張して、カメラのフラッシュに目がくらみました。

リムジンのドアが開いて足を下ろすと、そこにはレッドカーペットがあって、周りはセレブリティだらけ。12頭身はあろうかという（あるわけないが、そう見えた）素敵な男女たちの中に紛れた、タキシードを着慣れない冴えない日本人の僕。そして麻理恵さん……。

あまりにもまぶしい風景に、思わず会場の端っこで小さくなって、完全に気おくれしかけていた時、視界にブライアン・チェスキーの姿を発見しました。当時、急成長していた民泊仲介大手「Airbnb（エアビーアンドビー）」の創業者で、出席者リストを見ていて、「話せたらいいな」と思っていた人でした。

よし！

意を決して、「ハーイ、アーユーブライアン？」とジャパニーズイングリッシュで話しかけて、写真をパチリ。「相手にされないんじゃないか」という心配は杞憂《きゆう》に終わり、肩の力が少し抜けていきました。

そうか。僕たちもここに呼ばれているということは、遠慮しなくていいんだ！

途端にミーハー魂にスイッチが入って、イーロン・マスク（宇宙開発をするスペースXや電気自動車テスラのCEO）やエマ・ワトソン（ハリウッド女優）などなど、錚々《そうそう》たる参加者をつかまえては、「Do you know Marie Kondo?」と声をかけまくり。

その時、気づいたんです。

ここは、確かに華やかなステージだ。でもシャイな人は隅の方で控えめに過ごしているし、真面目な人は同じような雰囲気の人と難しそうな話をしている。キラキラした美男・美女が会場の中心にいて、そこに取り入ろうと群がる人たちもいる。

これって……「高校のクラスの人物構造」と何にも変わらない。みんな、同じ人間なんだな。気おくれしている場合じゃないぞ。ここにいることを許された2時間を思い切り楽しむぞ！

そう気持ちを切り替えて、憧れの人たちに握手を求め、連絡先を交換していきました。それでもたった一つ、後悔をしていることがあります。

それは、華やかな輪の中心にいたスティーブン・スピルバーグ監督に声をかけられなかったこと。

「もう時間もないし、いつかまた機会があれば……」

そう自分に言い訳をして、勇気を絞り出せなかったんです。もちろん、その「またいつか」がいつになるか分かりません。

あの日、あの時、僕たちに舞い降りたチャンスだったのに、それをつかもうとしなかった自分が情けない。もしも、あの時に戻れるとしたら、絶対に監督に声をかけるだろう。「あなたと一緒に仕事をしたい」と伝えられたら上出来だ。

この時の後悔が強烈に記憶に残っているから、僕はもう絶対にチャンスを逃さない。目の前にやってくるチャンスは、必ずつかむと決めたんです。

手を挙げるだけで抜きん出る

新しい環境に身を置いたら、きっとこれまでのあなたでは経験しなかったようなチャンスにめぐり合うはずです。僕は、あなたの最初の一歩を本気で応援したいから、もう少しだけ言わせてほしい。チャンスを発見した時は真っ先に手を挙げよう。

「できます！」
「やります！」

正直、できるかどうか分からなくたっていい。堂々と言ってしまおう。

挑戦したい気持ちが内側からわいてくるのであれば。

アメリカという、チャンス争奪戦が日常の国に移住してからよく分かったことですが、日本人は本当に控えめ。悲しいくらい控えめすぎると感じています。

一人ひとりの能力やチャレンジ精神は、決して足りないわけではないのに「目立ってはいけない」という横並び意識が強すぎて手を挙げない。

周りがどう出るかを気にしているから、なかなか手が挙がらない。

これはこれで、10年以内にどうにかしたい問題なのだけれど、今に限って言えば、これは絶好のチャンス。

手を挙げるだけで、今の日本なら真っ先に目立てます。

手も足も続々と挙がるアメリカや中国では全然、目立たないけど、遠慮大国ニッポンなら、ちょっとの勇気でぐんと抜きん出ることができるのです。

やりたいことを実現するための、ちょっとした勇気。

次にチャンスがめぐってきた時にはトライしてみてください。

互いの弱点を補い合える仲間をつくる

新しい環境に慣れて、あなたらしく過ごせるようになってきたら、いよいよ次は、あなた本来の価値を全力で発揮するタイミング。

ただもし、あなたが自分の価値を、「これが好き」「これしかできない」というところまで引き算して研ぎ澄ませていたら、不安を感じるかもしれません。

「やべ。これ以外のことはできない。どうしたらいいんだろう」って。

だから、次にすべきなのは、仲間づくり。

あなたがありのままで活躍するには、逆にあなたがあまり得意ではないことや苦手なこと、それでもする必要のあることを助けてくれる仲間が必要です。

自分がしたくないことを誰かに任せるなんてズルいし、申し訳ない。

そんなふうに思いましたか？　その気持ち、よく分かります。僕もずっとそう思っていました。でも、だからこそあえて言います。

まったく心配しないでください。

あなたの不得意なことは、誰かの得意なことです。

数字の分析作業を思い浮かべるだけで頭が痛くなる人もいれば、「数字の分析だけでご飯3杯いけますッ」とお腹が鳴っちゃう人もいる。

「わたしは黙々とモノをつくっているのが好きで得意だから、制作に専念させて」

「分かった。そっちは任せるから、数字は完璧にやっとくね」

この凹と凸が組み合わさると、最強です。

お互い、自分らしい強みを掛け算した相乗効果を生み出せるようになると、後は加速していくだけ。

何を隠そう、僕と麻理恵さんも、まさにこの強みと弱みが完全にマッチした典型例。

片づけにおいては地球一と言えるほど極めているけれど、知らない人とのコミュニケーションやビジネスをバランス良く進めることが苦手な麻理恵さん（メールを数週間寝かせるなんてお手のもの）。

一方で、特別な尖ったスキルはない器用貧乏だけれど、人付き合いが大好きで、ビジネスのバランスを俯瞰《ふかん》して進めるのが得意な僕。

自分ごとながら、本当によくできた組み合わせだなと思っています。


今でも思い出すのは、僕が会社員をしながら麻理恵さんの仕事を手伝い始めた頃、彼女は仕事のスケジュール管理やオファー元との交渉を全部自分でしていて、パンク寸前でした。

友達や知人を数人集めてなんとなく会社っぽくしていましたが、ミーティングの議題設定もあいまいで、僕からするとツッコミだらけ。

「これはお茶会か？」っていうくらい自由で、会議だと聞いて行ってみると、「今日のおやつはチーズケーキです」「じゃあわたし、お茶入れますね」という感じでした。

そこに、スーツを着た男子が一人。今、思い出しても笑えます。

僕はすぐさま、会議の体裁を整えることを提案しました。

いつまでに、何を、どこまでやるべきか。どの仕事を優先するべきか。

ちゃんと話し合えるような状況をつくって、女子たちに嫌われないように細心の注意を払いながら進めていきました。

その都度、「卓巳さんがいると、いろいろ進む！」とよろこばれました。

これが僕には苦労なくできるラクなこと。でもそれが彼女たちにはとっても助かること。僕にとっては、自分らしさが活きるプロセスでもありました。


あなたの自分らしい価値と、誰かの自分らしい部分がうまく組み合わさると、本当にラクに物事が進み始めます。

そのためにすべきことを、もう少し詳しく紹介します。

得意なことのバリエーションが豊かなチームに

その人らしい強みの掛け算で仲間づくりをしていくと、一人、二人と仲間が増えていくと思います。3人も集まれば、もう立派なチームです。

チームづくりを進めるポイントは、次の3つを守ること。

✓目指すゴールに価値があると、本気で信じている仲間を集めること
✓その価値を広げることで世の中が良くなると、本気で信じている仲間であること
✓仲間の強みが異なること

一つ目と二つ目は、あなたの思いがしっかりと伝われば、比較的すぐにクリアできるはずです。

意識したいのは3つ目のポイント。つい似た者同士を集めてしまって、失敗するというのは、よくある話です。

例えば、こんまりメソッドを世界に広めるチームでは、僕のようにビジョンを熱苦しく語るのが大好きなキャラは二人もいりません。

黙々とマーケティングの分析をすることにときめく人。

ブランディングの作戦を練ることにときめく人。

ビジュアルをセンス良く研ぎ澄ませることにときめく人。

本をつくって伝えることにときめく人。

どんな役割がときめくのか、その重なりがないように仲間を集めることで、チームとしてカバーできる範囲がどんどんと膨らんでいきました。

自分にない得意分野を持つ人に対しては、自然とリスペクトできるもの。尊重し合い、補い合える最高のチームが出来上がります。

全員が「自分ごと」になるチームが最強

同じゴールを共有して、それが達成された世界の素晴らしさを信じられる仲間と出会っていく。

このプロセスそのものが、本当に尊いと感じます。

「お願いする・される」「雇う・雇われる」の関係ではなくて、全員が自分ごと化しているエネルギーの高さ。

僕が考える最強のチームとは、全員の「自分らしさ」が活きている状態のこと。

具体的には、次の4つをすべてを共有し、尊重できている状態です。

・**Trust（信頼）**
・**Engagement（主体的な没頭）**
・**Authenticity（ありのまま）**
・**Meaning（意味）**

このＴＥＡＭがそろえば、恐れや不安を取り除き、お互いの強みを活かし、弱みを補い合っていける関係性になれる。「このチームとだったら、やり遂げられる」と信じられるパワーをもたらしてくれる環境です。

この考え方を僕に教えてくれたのは、ユニリーバ・ジャパンの取締役で、先進的な働き方を次々と実現している島田由香さんでした。

麻理恵さんの番組をつくったNetflixのチームは、全員が片づけの価値を信じていて、撮影回数を重ねるほど、その思いが高まっていきました。

ある日の収録では、音響を担当するダンが、「ハイ！　タクミ、ちょっとこれを見てほしいんだ」と駆け寄ってきました。差し出されたスマホの画面には、彼の自宅の写真。よく見るときれいに片づけられた引き出しが写っています。

「マリエの言葉をマイクで録っていると、こんまりメソッドを試したくてウズウズしてさ。週末にやってみたら、妻がすっごくよろこんでくれたんだよ」と満面の笑みで教えてくれました。

そうやって、全員が片づけの魔法を自分の人生に溶け込ませながらつくった番組だから、視聴者にも伝わるメッセージが生まれて、その年にNetflixで「世界で一番視聴されたドキュメンタリー」になっていったのです。

麻理恵さんの生み出す価値に共鳴し、それぞれの自分らしさ・強みを掛け算して出会った仲間たちが全員、心を震わせながらつくった番組。

だから、そこまでいけた。今思うと必然だったんです。

上手に「助けて！」と言ってみる

「その人らしさ」の掛け算が上手な人の共通点は、ヘルプ上手だということ。「助けて！」と素直にサポートを求めて周りの力を集めるのがうまいんです。大事なのは、やみくもにお願いするのではなく、次の3つを明確にしていること。

✓何がゴール（目標）なのか
✓自分は何ができて、何が足りないのか
✓具体的にどんな助けを求めているのか

この3つのうち、一つでも欠けるとダメなのに、案外、できていない人が多いように感じます。

強力なサポーターを見つけるのにまず大切なのは、ゴール設定。何をどこまで成し遂げたいのか。これは、具体的であるほどいい。

例えば、「誰でも気軽にモノを書くことを楽しめる社会をつくりたいと思っています。来年の春までに、ユニバーサルデザインのオリジナル筆記具を製造して、ネットで販売したいと考えています。できれば英語にも対応。当面の目標は3カ月で1万個を売ることです」とか。

ここまで具体的に書くと、あなたが何をしたいのか伝わりますよね。特に大事なのは最初の一文の、「誰でも気軽にモノを書くことを楽しめる社会をつくりたいと思っています」。なぜ、それをしたいのかという思いです。

思いの温度感を最初に示すことが超重要。せっかく手を挙げてくれた人が、熱すぎたりぬるすぎたりと、温度感にギャップがあると、なかなかうまくいかないからです。

次に目標達成のために、あなたができることについて。

「モノづくりは自分でできます。すでに20パターン以上のサンプルも制作していま

す」など。つくる部分は足りているのね、と分かりますよね。

その上で、「でもネットショップの管理や英語の対応は経験がありません」と伝え

ることで、埋めたい穴が明確になります。

さらにヘルプの内容が具体的になればパーフェクト。

「ビジネス英語が得意な人、カスタマーサポートのマニュアル作成に協力してもらえ

ませんか？　ネットショップを立ち上げるまで、リモートで週1回1時間程度、ミー

ティングにも参加してほしいです」

こんなふうに説明したら、どんなスキルを、どれくらいの関わり方で求められてい

るのかがハッキリと伝わるはずです。

自分ができることと、できないことを先に宣言しておくと、その後のコミュニケー

ションもスムーズで、早く信頼関係を築きやすくなります。

仲間づくりのコミュニケーションは最初が肝心！

「助けて！」と上手に言えるようになるだけで、当初は想像もしなかったような心強い味方が続々と増えていくはずです。

あなたも今日からヘルプ上手になりましょう。

GIVEのしすぎに注意しよう

ありのままの自分を心地良く発揮できる仲間と出会うために、忘れてはいけないのは「GIVEの精神」。つまり、与えること。

「GIVE&TAKE」の「TAKE（受け取る）」だけを求めていては、誰も寄ってきませんよね。

何を与えていいのか分からないなら、ただ「あなたの考え方が大好きです」と伝えるだけでもGIVEになります。好意は最高の花束。

「暇です。私の1時間を好きに使ってください」というのも、立派なGIVEです。

一方で、気をつけたいのは「GIVEのしすぎ」です。

誰に対してもいい顔をして、与えるばかりでは、大事なあなた自身が消耗してしまいます。

実は、僕も以前は勘違いしていました。「GIVE!GIVE!GIVEだ!」と、とにかく与えることに一生懸命。正直に告白すると、その行動の根底には「いつか自分に返ってくるはず」という期待もうっすらとありました。

でも実際には、何も返ってこないことが少なくありませんでした。残念ながら、世の中には相手の厚意を受け取るだけで完結して、お返ししなくても何とも思わないタイプの人も一定数います。

「ありがとう」のひと言で終わり。「え？　それだけ？」なんてモヤモヤする自分がいたんです。

モヤモヤしながらふと横を見ると、いつも気持ちよくGIVEしている麻理恵さんがいました。違いは何かと観察してみると、彼女はGIVEする相手をある程度、絞っていました。

自分が心から愛情をかけたいと思える相手、何も返ってこなくてもかまわないと思える相手にＧＩＶＥしている。

まさに、ときめきに忠実に相手を選んでＧＩＶＥをしていたんです。

彼女に学んで、僕もそうすることにしました。すると、とても気持ちよくＧＩＶＥできるようになりました。

マザーテレサのように無償の愛を与え続けられる人間になれたら、それは素晴らしいと思います。でも、僕はそこまでできた人間ではないんだと認めたら、ラクになりました。

そんな自分を認めてあげていい、と思うんです。

自分が好きなようにＧＩＶＥすること。

一見、冷たいようだけど、実はとても誠実であること。麻理恵さんが編み出した「ほどよい人でなし」の方が、きっとサステナブルなはずです。

分かってくれる人に出会うまで歩き続けよう

以前は普通の地味だった子が、ある日突然、大物に見いだされてスター級の人気者になっていく。本人を知っている人はみんな「え？　あの彼女が？」と驚くような才能を発揮する。

そんなシンデレラストーリーは、現代でもあちこちで起こっています。

例えば、2020年に典型的なブレイクを見せてくれたのは、作家の岸田奈美さん。彼女はもともと一般企業に勤める会社員でしたが、知的障がいのある弟と車イス生活の母との暮らしを綴ったエッセイが、個人ブログのポータルサイト「note」で大きな話題に。

糸井重里さんら大物クリエイターに「この子はおもしろい！」と見いだされ、有名編集者・佐渡島庸平さんの導きによって、作家としての人生を歩むことになりました。

いつもキャッキャッと楽しそうにユニークな企画を考えては実行する姿に、見ている方もハッピーになれる。さらに最近は発信活動を通じて、障がい者の就労支援も（これまた楽しげに）していたり。明るい光で周りを幸せにする才能の持ち主です。

岸田さんが大変身を遂げた理由は何か？

僕からすると、彼女は何も変わっていないのだと思います。もともと持っていた彼女らしい魅力をそのまま活かしただけ。そして、それをnoteという場でありのままに表現した。

誰かに見いだされる前に、彼女はちゃんと自分自身で行動しているのです。意識してか無意識なのか、「きっとここなら、信じてくれる誰かに出会える」と思ったのでしょう。

新しい環境で輝くために忘れてはいけないのは、この〝他者視点〟。

自分以外の誰かにとって価値のある発信を意識しないと、届けたい人に届きません。

もっと戦略的に考えるなら、「誰に認めてもらったら、私の価値は世界に届くか？」と見渡して、ターゲットを絞ること。

そして、その人の目が届きそうな場所まで自分の足でたどり着く。今はネット上で、誰でもいつでも発信ができるから難しくはありません。

Twitter, Instagram, Facebook, note, Voicy……。

見いだしてほしい相手が何かのメディアを活用しているなら、そこに直接アクセスしてみてもいい。

とにかく道はオープン。通行証はフリー。

どんなにおもしろくて魅力的でも、動かずにじっと待っているだけでは、誰からも見いだされることはありません。

だから、動いて、動いて、動いて！

動いてみて、「ちっとも見いだされないな」と思ったら、また別の場所へ行ってみればいい。あなたの本来の魅力を分かってくれる人にはいつか必ず出会えるから。

何歳からでも自分に戻れる

これも、声を大にして言いたいこと。

「Be Yourself」に年齢は関係ありません。


もちろん、早いに越したことはないけれど、30歳を過ぎたら遅いとか、40歳になったからもう手遅れ、なんてことはまったくない。

SNSを見渡すと、白髪でオシャレを楽しむ〝おばあちゃんインスタグラマー〟が世界中にたくさんいて、超クールでチャーミング！

若い子からもフォローされて、その人らしい魅力全開で輝いています。

この現象も、彼女たちがもともと持っていた自分の魅力と新しいテクノロジーが出会ったことでスパークしただけ。

きっとそこに至るまでには、身近にいる家族や若い友人が「おばあちゃん、本当に素敵だよ。その魅力をそのまま世界中に伝えたらいいよ。インスタグラムって知ってる？」と教えて、「そうなの？　やってみる」と踏み出す一歩があったはず。

そして、世界とつながった途端に「いいね！」「もっと見たい」とファンがどんどん増えていった。

最初は一人、二人だった「いいね！」が、どこからか一気に大勢のファンへと広がっていった。

人の魅力が伝わっていくプロセスに年齢の壁なんて、関係ない。

仮に誰かが無理やりつくったとしても、そんな壁なんてあっという間に乗り越えられて、壊されていく。

扉は、いつでも開いていいます。それも、あなたの目の前に。

チェックシート

環境を変える

- 今の環境にいる自分の気持ちに向き合う
- 今の環境に不満なら、自分が理想とする環境を書き出す*
- 自分の生活の「最低ライン」を書き出す*
- 自分が理想とする環境にいる人を見つける
- 自分が理想とするグループ（勉強会やサークル活動など）に加わる
- 最初は居心地が悪く感じても、慣れるまで居続ける
- 新しい環境で、自分が役立てることが何かを書き出す*
- チャンスがあれば自分を役立てるために手を挙げる
- GIVEする相手を絞る（最大5人まで）
- 仲間になってほしい人に声をかける

*書き出し方の見本は
245ページからまとめています

第5章

自分を磨き続ける

毎日のルーティンは自分主体で生きる練習

力まず、軽やかに、どこまでも。

もともと自分の中にあった「好き」「楽しい」「やってみたい」という気持ちがどんどん膨らんで、人生がおもしろくなってきたな。

そんな感覚が生まれてきましたか？


コングラチュレーションズ！　おめでとうございます。


ここから先は、本当に楽しい展開が待っています。

自分以外の誰かのまねをしようとしなくてもいい。あなただけが持つ唯一無二の価値を大切にして、その価値を使って、家族や友達、日本人、地球人みんなをハッピーにできる方法だけを考えていけば自然と道は開けていくはず。

ただし。

今の素敵な状態をキープするために、心がけてほしいことがあります。
あなたの、毎日の暮らしをとことん心地良く磨き上げてほしいのです。

え？　ここで突然「暮らし」のこと？
ハイ、大事なのは「暮らし」なんです。

「ねばならない」の鎧を脱ぎ捨て、あなたらしい「好き」「楽しい」「やってみたい」を磨いてきた状態、ありのままの魅力を活かせている今の状態を、できる限り心地良い環境で維持することが、とても重要なのです。

第4章までで伝えてきたのは、あなたの人生においてあなたを主体にする重要性。無理して周りに合わせるのではなく、自然体の自分のままでフィットする環境を見つけに行く提案をしてきました。

実際に挑戦した人は、「なんてラクに呼吸ができるんだ！」とその心地良さを実感しているのではないでしょうか。

それでも、「こうあらねば」の呪縛はまた、知らず知らずのうちにやってきます。いつの間にかうっすらとたまるホコリのように、あなたの視界を曇らせて、あなた自身が見えづらくなってしまう。

だから自分をよく見つめるトレーニングを絶えず重ねていく。

方法はシンプル。毎日の暮らしを心地良く磨くこと。

僕と麻理恵さんは、毎日これしか実践していないと言っても過言ではありません。「暮らし」とは「片づけで住環境を整えて清潔にする」という意味のみにあらず。1日の過ごし方の順番を心地良く整えたり、目や耳に入ってくる情報を取捨選択したり。身体と心のセンサーが常に正しい位置にあるように維持するんです。

すると、自分にとって必要な情報だけを素早く受け取れるようになるし、動き出すタイミングを見逃さなくなる。

何より、「これは好き」「これは苦手」という判断で間違うことがなくなって、あなたらしい本来の姿で生きられる状態をキープできるんです。

具合的に何をしたらいいの？　という人のために、最終章では「日常を整える方法」についてお伝えしていきます。

シルクのパジャマで自分を大切に

僕が、自分の心地良さを優先するような暮らしを送るきっかけをくれたのは、やはり麻理恵さんでした。

忘れもしません。

結婚前、麻理恵さんと付き合うようになって初めてもらった誕生日プレゼントは、シルクのパジャマでした。

「寝る時にこそ、最高の状態でいないとダメだよ」

そうニッコリと笑って渡された包みを開けた時はびっくり。着古したTシャツとジャージで眠る生活から10段階くらい一気にアップグレードしました。

自分には不釣り合いな気がしたけれど、実際にシルクパジャマに身を包んで眠ってみると、何とも言えない幸福感で満たされたんです。


あー、自分を大切にするって気持ちいい。

まさに肌の感覚にスイッチが入った瞬間でした。


僕が恵まれていたのは、暮らしの心地良さを磨ききった、世界随一のプロフェッショナルと生活を共にする特権を得られたこと。

本家・こんまりメソッドによって、考え抜かれたときめき空間に住んでいるだけでなく（その手法の詳細については、ぜひ彼女の著作を読んでください）、片づけ以外のときめきメソッドもたくさん教えてもらいました。

僕は、麻理恵さんの暮らし方から、「自分を心地良く保つ方法」をたくさん学ばせてもらいました。

つくづく彼女は、片づけを通して人生を輝かせる天才です。

そして、その人生というのは、1日、1分、1秒の積み重ね。

日常の小さな習慣の集合体なんです。

だから、彼女は小さな習慣を決しておろそかにしない。僕も、まねできるだけまねしています。

例えば、お風呂にはたっぷりのバスソルトを入れること。

ぬるめのお湯を張った湯船にバスソルトをドバッと入れれば（「なんか減ってない？」と麻理恵さんに怒られない程度に……）、発汗作用と保湿作用でスッキリデトックス。1日を終える締めの習慣としてすっかり定着しました。

日本で暮らしている時は、毎朝、玄関のたたきをきれいに拭きあげていました。

玄関は外の世界との接点ですから、きれいに整えることで運気も上がります。

同時に夜、帰宅して部屋に上がる前には1日中外を歩き回った靴の裏側も拭いておく。靴の裏というのは、地球と自分をつなぐ接点。靴は、どこまでも遠くへ自分を運んでくれる大事な相棒でもあります。

だから、感謝を込めてサッと拭く。それだけで心が整うんです。

ポイントは、どんな気持ちを込めるかということ。

行動は、心を吹き込むための「型」です。

実践すれば自然と背筋が伸びて、感謝がわいてくる。

そんな習慣を増やしていけば、日常の意味合いがまるで変わってきます。今日から一つ、何か始めてみてください。

次のページからは、僕の1日の過ごし方を紹介します。

早起きで地球を独り占め

僕は早起きです。毎朝4時か4時半には起きています。

決してストイックなわけではなくて、幼い娘たちと一緒に早めに寝るのが習慣になっているだけで、平均して7時間睡眠はキープしています。

無理しているわけではないから、いつも目覚めは自然にスッキリ。


なぜ早起きするといいのか。

それは、たった一人になって地球と向き合えるから。


4時台というとまだ夜明け前。窓を開けると、太陽に温められる前の冷たくて新鮮な空気が一帯に満ちていて、空には星が光っている。

やがてうっすら白いグラデーションが球体の空へ広がっていって、「ああ、僕は今、地球と1対1で向き合っているな」と涙が出そうになる。

僕は本気で、世界のため、地球のためになる存在でありたい。そう思っているから、この時間を持つことがとても大切。

家族もまだ起き出さない、世の中もまだ動き出していない静謐《せいひつ》の時間を、ただ一人で過ごす。

これだけで、全身が浄化される気持ちになれるんです。

1日の始まりを、たった一人の自分（myself）と過ごすこと。

この習慣を始めるだけでも、自分の内側への感度は高まるはずです。

1日にできる大事な仕事は5つまで

窓を開けて外の空気を吸った後は、その日のスケジュールをチェックします。大事な仕事や早めに終わらせておきたい仕事の優先順位を決めて、どの順番で手を付けていくかを確認します。

この時、リストアップしながら「TO DOが多すぎないかな？」と意識的にチェックするのがポイントです。

1日の中でこなす仕事を抱え込みすぎると、オーバーワークになって疲労の原因に。疲労は、本来の自分らしさを阻害する一番の大敵！

なので、できるだけ取り除きましょう。

僕の感覚では、1日にできる大事な仕事は多くても5つまで。これ以上あるなら、もう少しゆとりを持てるようにスケジュールを調整します。

朝、スケジュールを確認する時のポイントがもう一つあります。

それは、ときめきのバランスをチェックすること。

自分のご褒美になるような楽しみをちょっとずつ予定しておくんです。

休憩時間のおやつでもいいし、好きな漫画を1話読むでもいいし、ペットのワンコとたわむれるでもいいし、ひたすらだらけるでもいい。オフィスからちょっと出て、近くの公園でスケッチを楽しむのもいいですね。

朝から夕方までギチギチに仕事を詰め込んでしまうと、疲れますよね？

エネルギーチャージできるときめく予定をあらかじめ用意しておくと、モチベーションも上がるんです。試してみてください。

大事な仕事は「朝飯前」に終わらせる

ついつい、やっちゃいませんか。

「あれ、やらなきゃなー」という大事な仕事を後回しにしちゃうこと。

まずは軽くこなせそうな仕事から終わらせて……と思いながら、結局、手つかずになって、ずっと気がかりのまま明日に持ち越しに。

僕はその気がかりの状態がとても気持ち悪いから、ハードそうな仕事こそ優先的に朝イチで着手します。

そう、文字通りの「朝飯前」。

4時に起きて、家族が起き出してくるまでの2時間ほどを使って集中するので、大抵の仕事はそこで終えられます。

この時間に連絡してくる人はほぼいないから、サクサクと仕事が進む。するとと、朝6時の時点で「今日の仕事はほぼ終わった」という身軽な気持ちになれるから、日中はずっと心穏やかに過ごせるんです。

心にゆとりのある状態だから、急な相談が来ても「オーケー。どうした？」と対応できるし、新しい企画を練る時間も生まれる。

最近は、日本の企業でも柔軟な働き方が広がりつつあります。

そんな変化の中では、「いかに効率的に自分の仕事を段取りできるか」で大きな差がついてくるはず。自分で働く時間を決められる人は、「大事な仕事は朝飯前」を一度試してみてください。

ついでにオマケ。僕の好きな朝ご飯は、納豆キムチご飯と目玉焼き2個と味噌汁。体がよろこぶヘルシーな献立で1日を始める。この「自分の内側をいたわる、よろこばせる」という感覚がとっても大切なんです。

夫婦のミーティングは散歩をしながら

ひと仕事を終えたら、起きてきた家族と一緒に朝ご飯を食べます。

その日の最大のタスクを終えた後だから、娘たちの話を楽しく聞きながら、食事を楽しめるんです（とはいえ、朝は時間がないことも多く、眠そうな娘たちを急かして着替えさせることもしばしば笑）。

家族の時間は家族に集中するのが、僕が絶対に守りたいルールです。

もし娘たちとのおしゃべり中でも、仕事が気になってついスマホを見たりしていると、黄色信号。「もっとスケジュールにゆとり持たせなきゃ」と反省します。

朝食を終えて、娘たちを保育園に送り出したら、麻理恵さんと連れ立って近所を散歩します。運動不足の解消とビジネスパートナーとしてのミーティングを兼ねています。これも「大事なことは朝のうちに」の一環です。
それに夫婦で仕事の話をする時は、家の中で向かい合って話すより、歩きながら話すくらいが軽やかでいい。

朝の散歩は、ロサンゼルスに引っ越す前の、シリコンバレー生活で始めた習慣でした。当時は、時にアップルCEOのティム・クックとすれ違うことも（小脇にiPadを抱えてね）。フェイスブックCEOのマーク・ザッカーバーグやCOOのシェリル・サンドバーグも、よく散歩ミーティングをしているそうです。最先端のビジネスをつくる経営者がよく歩くというのは本当です。
僕は、敬愛するアップル創業者のスティーブ・ジョブズが生前に暮らした家の前を通って、お参りするのをほぼ日課にしていました。

大体、1時間くらい外の空気を吸って体にスイッチを入れて、帰宅は9時半頃。そこから会議を2〜3本こなすと、午前中が過ぎていきます。

毎朝自分のベッドを整えよう

毎朝、散歩に出かける前に欠かさず実践している家事があります。

ベッドメイキングです。

寝室のベッドのシーツのシワをきれいに伸ばして、整える。

次にここに横たわる自分が心地良く眠れることに思いを込めながら、シーツや布団を整えます。

僕のベッドは僕が、麻理恵さんのベッドは麻理恵さんが、整える。

自分の寝床を自分できれいにすることは、自分を大切に扱うことの象徴です。

毎朝、自分のベッドを整えることを日課にするだけで、「自分で自分を大切にする」という感覚が養われます。大げさに思うかもしれませんが、本当にそうなんです。

この話をした時、「リビングやキッチンのような家族の共用スペースではなくて、自分のベッドから整えるのは、おもしろいですね」と言われて、なるほど確かにと気づきました。

みなさん、自分のためだけの家事って後回しにしがちですよね。

でも、あえて自分のためだけの家事から始めてほしいと僕は言いたい。

きっと想像以上に、満たされた気持ちになると思うから。

勤め人でも「ちょい昼寝」のススメ

朝4時から働いていると、お昼を過ぎる頃には、1日働いたくらいの心地良い疲労を感じます。

午後の生産性を上げるために習慣にしているのが、「ちょい昼寝」です。

ランチを済ませたら、15分ほどお昼寝します。「ちょっと疲れがたまっているな」と感じる日は、もう少し長めに。体の声を素直に聞くことが大事です。

時間はそれほど長くなくても、スッキリ回復するコツは、ちゃんとベッドに横になること。

仮眠だからとデスクに突っ伏したり、ソファに座ったままうたた寝したりするのでは、スッキリ不足。血のめぐりを戻すという目的でも僕は、横になります。

座ったり、立ったりという姿勢が続いていると、重力の影響で手先や足先に血液がたまっていきます。だからこそ体の姿勢を、頭から爪先まで同じ高さにして寝てみてください。

全身の血液がなだらかに隅々まで流れていく感覚がありませんか？　これが良い状態でいるためのポイントです。

何を隠そう、僕は会社員時代から、堂々と昼寝をしていました。「支社長、ちょっと寝てきます！」と言って勝手に倉庫の一角をマイベッドに改造して。

簡単な仮眠を取った方が、その後の仕事が早くたくさん進む。そう分かってくれていたから、すんなりと許可をもらえていました。

作業効率を上げるための仮眠の効用については、世の中でもだいぶ認知されてきています。だから、職場で提案してみるのもアリだと思います。

午後イチはご褒美タイムから始めよう

さあ、昼寝からスッキリ目覚めました。早速、腕まくりをして仕事に取りかかる……と思ったでしょう?

違います。

午後イチで僕が優先しているのは、自分のためのご褒美タイムです。

朝起きてすぐにあらかじめ決めておいた「ときめく楽しみ」(詳細は200ページ「1日にできる大事な仕事は5つまで」をご覧ください)を、ここで実行するのです。

読みたい本を開いてみたり、Twitterを眺めてみたり。大好きな漫才の動画を延々と見る時も(ハードな打ち合わせが続いて疲れている時には漫才のテンポに身を委ねると、脳が日常リズムに戻るような効果があるそうです)。

ご褒美タイムは大体、2時間。

世間がせわしなく動いている時間にそんなにゆっくりして大丈夫？　と心配されそうですが、大丈夫です。

その日の最重要タスクは、すでに朝イチで済ませているから、「サボってるなー、オレ」という罪悪感はありません。

サボるどころか、未来の自分にとって必要な情報をたっぷりインプットしている感覚の方が強いんです。

自分のアンテナに引っかかった本を読む。

興味のある言葉を検索してみる。

連絡を取りたかった友達にメッセージを送ってみる。

ウィークデイは毎日配信しているVoicyの収録をする。

Twitterで世の中にあふれるつぶやきをばーっと見て、パッと浮かんだことをつぶやいてみる。

これ全部、僕のプロデュースという仕事にとって大事な時間です。頭も心もリラックスした状態で、気の向くままに吸収したものは、すべてプロデューサーとしてのアイデアやセンスに活かされます。

つまり、ご褒美タイムは僕にとっておろそかにできない仕事なんです（だから、朝イチで大事な仕事を片づけるんです）。

ご褒美タイムで充電したら、午後の会議や打ち合わせ、取材をこなして業務終了。ここからはまた、家族団らんに集中する時間へと切り替えます。

身近な人を「さん」付けで呼ぶ

日中の過ごし方の中で、人間関係について一つお伝えするとしたらこれです。自分にとって身近な存在の人を「さん」付けで呼ぶことです。

これは麻理恵さんから教えてもらった心がけですが、親しき仲にも礼儀あり、慣れ合うほどにいくらでも崩そうと思えば崩せる間柄だからこそ、あえて丁寧な口調で接すること。その気持ちを一番分かりやすく表せるのが、1日に何十回と口にする呼び名というわけです。

さん付けで呼ぶと、それだけで相手のことを大事にしていると表現できます。そして同時に、自分のことも丁寧に扱っているように感じられるんです。

人は自分の発した言葉を自分が一番聞いています。だから丁寧に話せば話すほど、自分の心が整います。

もちろん僕も最初の頃は、「なんかいつまでも敬語ってよそよそしい感じがするな」って思っていました。

でも、さん付けで呼び合うことが続くと何とも心地良い。名前以外の会話も丁寧になったりするので、その影響は絶大です。

さん付けで呼べば呼ぶほど心が整っていく。長く寄り添った高齢の夫妻が、お互いにさん付けで呼び合っている姿を見ると、なんだか素敵だなぁと感じませんか。

私はあなたのことを大事に思い、尊重したい。

呼びかけ合うたびにそんなメッセージを込められるのだとしたら、その積み重ねの効果はとても大きいはず。

軸をまっすぐにしてから寝る

先ほど触れた通り、僕は早寝派です。

睡眠時間はたっぷり取って、睡眠の質を深めるためにできることは何でもします。

なぜなら、僕の仕事はプロデューサーで、仕事をしている間はプロデュースする相手のことを常に注意深く観察し、ちょっとした変化も見逃してはいけないから。

そのために大切なのは、僕自身のセンサーが鈍ってはいけないということ。

僕にとっては、心と体を常に最高の状態に維持していることが、いい仕事をするための基本であり最低条件なのです。

だから、徹底的に心地良く生きることにこだわりたい。

心身の健康を守るために最も大事だと思っているのが、やはり睡眠です。すでにご紹介した通り、湯船にしっかりと浸かって（サウナも好きです！）、着心地のいいパジャマで寝床に就きます。

ベッドに入る前には必ずストレッチ。ストレッチポールという器具を使って、首から腰にかけて、筋肉をほぐしていきます。ポールに背骨を沿わせるようにして寝るだけで、体の軸がまっすぐ整うようになる感覚がいいんです。

寝る直前には寝室にアロマオイルをたいて。体調や気分に合わせて、リラックスしたい時はラベンダー、ちょっとすっきりしたい時はユーカリ、リッチな気分になりたい時はバラやジャスミンのアロマを、ディフューザーにセットします。すると、寝ている間の回復がグンと上がるんです。これも麻理恵さんのまねをするようになって、今では完全に私の方がディフューザー担当大臣になっています。

自分の軸をまっすぐにしてから、1日を終える気持ち良さ。

1日単位で細かくリセットすると、大きくブレることはありません。

腹八分目でいこう

いきなり食事のこと？　と思ったかもしれませんが、それだけではありません。

仕事や遊び、何でも詰め込みすぎはあかんよ、という話です（ご飯がおいしすぎて十二分目まで食べてしまうことが多いのは内緒です笑）。


周りを見渡していると、いつも感じるんです。

「忙しい、忙しい」と余裕なさそうに動いている人たち。

忙しいということはそれだけ充実しているのかもしれないけど、かなりもったいないと僕は思います。

人間、ゆとりが大事。

隙間がなければ、新しい風は入ってきません。

空白がなければ、器に新しいものは入れられません。どんなに新鮮な水を注ごうとしても、こぼれてしまう。

だから、八分目を意識しよう。

予定を組む時は、余裕を持って「ちょっとスカスカかな?」と思うくらいがちょうどいい。

僕の経験上、ビッグチャンスは急にやってきます。

コンコンコン! 今、空いてる?

それくらいカジュアルに、ある日突然、扉を叩いてくる。

その時、「えーっと、ちょっと待って」と言っていると、チャンスはあっという間に去っていきます。即答できるスピード感を常に保てるようにしたいですよね。

僕はミーティングの予定を立てる時も、1時間刻みではなく、45分や30分単位で組むのが基本。空いた15分で急ぎの相談に返答できたり、ちょっと考えを整理したりすることに使えたりするから。

大体、1時間の会議を45分に短縮することは、それほど難しいことではありません。

日常に、隙間をどんどんつくっていこう。

もし、忙しすぎてやりたいことができていないなと感じたら、第1章に戻って、もう一度、引き算から始めてみよう。

本来のあなたに戻してくれる人を大事にする

あなたが磨いたスキルをほめてくれる人。
あなたを評価してくれる人や信じてくれる人。
あなたの挑戦に背中を押してくれる人は、とても大事な存在です。

ただ、それと同時に大切にしたいのが、あなたを本来の姿に戻してくれる人。

新しいことに挑戦する忙しさの中で、本来の力を発揮できないような行動をとってしまった時。あるいは無理を重ねてストレスをためこんで、本当は大事にしないといけないことを、ついおろそかにしてしまった時。手段を目的と勘違いして、磨いたはずの本来のあなたらしさを、どこかに置いてきそうになった時。

そんな時に、「おーい」とあなたを呼び戻してくれるような存在。

そんな仲間も、一人は近くにいた方がいい。


麻理恵さんにとって僕は、アクセルとブレーキ、どちらの役割も兼ねている存在らしいです。

僕は、麻理恵さんの本来の輝きを誰よりも理解し、その価値を信じてどこまでも広げようとするアクセル役でもあり、時には「今は心の位置が良くない」（36ページでお話ししたエピソードです）と軸を整え直すブレーキ役でもある。


同時に、僕にとって麻理恵さんも自分らしい自分に戻してくれる貴重な存在です。

彼女と話すことで、自分の中にある本当の気持ちが分かることもあれば、本来の自分の姿を取り戻すこともある。

忙しいと、つい自分のことは後回しにしがちです。

そんな時に麻理恵さんは、「ちょっとお茶しません？」と僕に声をかけて、他愛のない会話をしてくれる。それだけでフーッと肩の力が抜けて、心と体にエネルギーが満ちてくるんです。

頑張らなくても、何もなくても、自分を認めてくれる大切な存在。それが麻理恵さんです。

きっと同じように、あなたにもそんな存在がいるはずです。あなたをあなたらしく活かすためにも、あなた本来の姿をそのまま受け入れてくれる人を大事にしよう。

チェックシート

自分を磨き続ける

- 体がよろこぶ寝具や寝間着を使う
- 早起きをして、自分だけの時間を過ごす
- 毎朝、自分でベッドメイキングをする
- 1日の重要な仕事を5つまでに絞る
- 重要な仕事は午前中に片づける
- 散歩ミーティングを実践する
- 仕事に疲れたら昼間でも15分の昼寝をする
- 午後イチはご褒美タイムからスタートする
- 身近な人に丁寧な言葉遣いで接する
- 寝る前に背筋をまっすぐに伸ばす

おわりに

最後まで読んでくださって、ありがとうございました。

今、どんな気持ちでこのページをめくってくださっているのでしょうか。

この本を読み始めた時と読み終えた今で、あなたの目に映る世界が、少しでも変化していたらうれしいです。


これまで僕が経験してきたことから、あなたに伝えたいと思ったことを書かせていただきました。

一つひとつを順番に試してもらえたら、確実に人生が変わる。そう確信しています。だからこそ、まずは実践してみてください。行動してみてください。動いてみてください。

情報は世の中にあふれています。本を買わなくたって、ネットサーフィンをするだけでもたくさんの情報を得られます。

でも、知っているだけでは人生は変わりません。本を読んで、「やってみよう！」

という気持ちになって、まずは動いてみる。

もしこの本を通じて、何かを感じていただけたなら、その情熱のまま、小さくてもいいから簡単なことから始めてみてください。動き出すと、人生は確実に変わります。

そして、その変化を起こした自分をほめてあげてください。

紛れもなく、あなた自身が決断した第一歩なのだから。


種明かしをすると、僕はこの本を、昔の自分の背中を押すつもりで書きました。

書いては消し、何度も練り直し、思った以上に時間をかけることになったのは、「何者にもなれないんじゃないかと焦っていた過去の自分」「やりたいことに蓋をしていた過去の自分」と対話を繰り返していたから。

せっかくなので最後に、麻理恵さんと出会うまでの、僕自身が僕らしくいられるようになったストーリーをお伝えさせてください。

僕を活かしてくれた二人の女性

僕は20代の頃まで、自分らしさで勝負することをとても怖がっていました。

瀬戸内の小さな島に生まれて、高校までは広島の呉市を出たこともなく、電車に乗って広島市内に行くだけでもドキドキするような田舎者。

社会を変えたいという思いだけはあったので、一念発起して首都圏の大学に進学しましたが、そこにもなじめないまま足踏みする学生時代。アルバイトで政治家秘書のアシスタントをしていたので、周りから見れば熱意あふれる若者に見えたかもしれません。でも当の本人は、いつもおっかなびっくりでした。

「裕福な家に生まれたわけでもないし、東京に縁もゆかりもない。学歴もない。僕は何者にもなれないんじゃないか」――。そんな臆病な気持ちを抱えていました。

新卒で入った人材教育系の会社で最初に就いた仕事は、いわゆる新規開拓の営業。テレアポ1日200件など、膨大なノルマを課せられる環境でした。

僕はそこに過剰に適応しようとして、「言われた通りのことをやって結果を出さなければ」と自分を追いつめていきました。扱っていた商品は安くはない教材だったので、いくら電話をかけても、1日に何十回と断られてしまいます。徐々に電話をかけることが苦痛になり、会社に行くことさえ怖くなっていきました。

そんな僕を救ってくれたのは、人事異動で新しく上司になったある女性でした。「自分の思う通りにやってみたらいいよ」と背中を押し、僕の意見やアイデアを尊重してくれたのです。

人に会うことが大好きだった僕は、社外の交流会に積極的に顔を出し、自分らしい方法で顧客を開拓していきました。すると、成果が出るようになったのです。

僕自身は以前と何も変わっていないのに、自分らしく仕事をするようになった途端にぐんぐんと成果が出るようになった。その事実に衝撃を受けました。

数年後には、大阪支社長から声がかかって顧客向けのセミナー講師に。人前で話すのが得意な僕は、燃えました。そして、講演をきっかけに契約してくれたお客さんは、いつの間にか1000人を超えていったのです。

お客さんの大半は、人材育成に切実な課題を抱える中小企業の経営者。「川原くんのおかげで、会社の雰囲気が良くなったよ」と言ってもらえると、泣けるほどうれしかったことを覚えています。この仕事が天職だと信じていました。

会社員人生に満足しかけていた僕でしたが、もっと輝ける場所に飛び出す挑戦をすることになります。講師業を3年ほど続けた頃、仲良くなったお客さんから、こんなふうに言われることが増えてきたのです。

「川原くんは、ずっとここにいる人ではないよね」

麻理恵さんが、背中を押してくれた

当時、すでに日本国内でベストセラーを出していた麻理恵さんと付き合い始めたのもその頃のこと。

最初は忙しくなった彼女をボランティアで手伝い始めたのですが、すぐに本業と同じくらい忙しくなっていきました。同時に片づけの現場に同行し、そこで顧客の人生が変わっていく瞬間を何十回と目の当たりにするうちに、この素晴らしい価値をもっと広く伝えたいと思うようになったのです。

そして、7年半勤めた会社を辞める決意をしました。

ただ、当時の僕は、会社を辞めることがとても不安でした。せっかく積み上げてきたものを手放したら、自分はゼロになるんじゃないか、と。そう悩んでいた時に、麻理恵さんはこう声をかけてくれたのです。

「大丈夫。卓巳さんはたくさんの人の役に立てる力があるから」

何度もそう言ってくれた麻理恵さんもまた、会社員というキャリアを捨てて自分の価値をより役立たせられる道を選んだ人でした。

二人で不慣れな場所に身を置いて、どう振る舞っていいのか分からずに戸惑っていましたが、徐々に視界が慣れ、自分なりにできることに一つひとつ一生懸命取り組むうちに、さらに先へ進む扉が開かれていきました。

「この小さな島を出ることは、一生ないのかもしれない」

そう思っていた10代の僕と、レッドカーペットを歩くことだってある今の僕。外から見れば大きく変わったようですが、根本は何も変わっていません。好きなことやワクワクと胸が躍ることは、ずっと同じ。

ただ環境を変えて、僕がよりのびのびと自分の価値を活かせる場所に移っただけで、見える世界や得られる体験、感じ方や考え方が変わっていったんです。

思い返せば、彼女は結婚前にこう言ってくれていました。

「わたしの活動は、卓巳さんの人生の前奏曲。それからは、あなたが輝く番だよ」

「あなたの才能は世界一、素晴らしい。人の価値を見いだして、その価値が活きる場所まで連れていってくれる世界一のプロデューサー。それがあなた」

麻理恵さんはそう何度も口にして、僕が世界に対して発揮すべき自分らしい価値を、明確に伝えてくれていました。

この場を借りて、あらためて感謝を伝えさせてください。

麻理恵さん、いつも本当にありがとう。


この本の執筆中には、「Be yourself」のメッセージに共感してくださった同志のみなさんが熱いエールを送ってくださいました。

石川善樹さん、川村元気さん、岸田奈美さん、小橋賢児さん、小林正忠さん、齋藤潤一さん、佐渡島庸平さん、島田由香さん、武田双雲さん、中野善壽さん、山田敏夫さん、四角大輔さん（五十音順）、そして発売に先んじてこの本を読み、感想を寄せてくれた僕のオンラインサロン「プロデューサーズ」のみなさん、力を分けてくださったことに心から感謝しています。

日本一を、世界一にプロデュース

僕には今、夢があります。

日本一を世界一にプロデュースするという夢です。

世界に飛び出して分かったのは、日本には素晴らしい才能や可能性がたくさん眠っているということ。しかし考え方や表現方法、言葉の壁や常識の違いなどから、その価値を発揮できていないままになっています。

この本を通じて、僕はまず、あなたが自分自身の価値をありのままに活かせるようになることを、強く願っています。

そしてあなたの価値が輝きを増し、日本一と言われるようになれば、次はそれを世界へつなぐプロデュース役やサポート役として、お手伝いをしたい。

すでに一つの挑戦として、日本の地方創生やまちづくりのプロジェクトを始めています。日本にはまだ見つけられていない、表現しきれていない可能性が、山ほど眠っています。そして、あなたもその一人だと思っています。

世界は広い。丸い地球のいろいろな国とのマッチング次第で、日本に眠る個性豊かな才能が輝ける場所は、いくらでもある。日本人が世界に対して、地球に対して、果たすべき役割がある。

世界を舞台に活躍できる日本人が増えていけば、もっと多くの人が自分らしさを活かして、人生に希望を持てるようになるはずです。

人々が日々の生活や活動の中で、幸せやよろこびを実感し、お互いに「自分らしさ」や「あなたらしさ」を尊重し合える平和な世界をつくっていける。そう信じています。

世界平和。それが僕の最終ゴールです。

この壮大な夢は、僕一人の力ではなし得ません。たくさんの仲間が必要です。

仲間を集めるための発信。まさに今、ここに書き記す宣言がスタートです。

少しでも「共感できるな」「応援したいな」と思ってくださったら、ぜひ、僕とつながってください。TwitterやVoicy、オンラインサロンなど、つながりやすい方法でノックしてください。

一緒に、誰もがその人らしさを活かして輝く未来をつくっていきましょう。

夢に突き進んでいる自分のことが、僕はとても好きです。「楽しそうにやっているなぁ」と微笑ましく、心から応援したくなります。

「Be yourself!」と笑って言える自分のままで、僕も、僕の道を進んでいきます。

あなたも、あなただけの人生を、どうか楽しんでください。

2020年秋　まだ真っ暗な朝4時のロサンゼルスから

川原卓巳

第４章 「環境を変える」

新しい環境で、自分が役立てることが何かを書き出す

新たに移った先の環境で、自分らしさを活かして人の役に立てることは何ですか。

- 旅行の手配を担当する
- 重いモノを持つ、運ぶ
- 懇親会やイベントの幹事をする
- 企画書のライティング、デザイン
- イベントの写真を撮る
- イベントの動画を回す
- イベントで司会をする

など

POINT | 決してすごいことじゃなくてオーケー。自分らしく能力を活かそう

第4章 「環境を変える」

自分が理想とする環境を書き出す

あなたは、どんな人やモノ、コトに囲まれて時間を過ごしたいですか。理想とする環境を具体的に書き出してみましょう。

- 批判する人がいない
- マウンティングがない
- 実力主義
- 成長できる
- 上下関係が厳しくない
- スーツを着なくていい
- 1日の時間配分を自分で決められる
- 満員電車に乗らない

など

POINT どんな場所なら、あなたは自分らしく過ごせますか

第4章 「環境を変える」

自分の生活の「最低ライン」を書き出す

あなたが生活できる最低ラインを書き出してみましょう。

- 自分と家族が健康
- 家族全員が仲良し
- 雨風をしのげる
- 家はワンルームでもオーケー
- 洋服や旅行は不要
- インターネットができる

など

POINT 「これだけあれば大丈夫」と分かると、チャレンジしやすくなります

第2章「自分を活かす」

「自分らしさ」を活かした結果、どうなったのか。成功例と失敗例を書き出し、振り返って分析する

誰かの役に立とうとした結果、成功したのか、失敗したのか。その原因は何かを丁寧に振り返ってみよう。

(例)あるプロジェクトの立ち上げスタッフの一人として参画して、どう振る舞えたのか。

✓プロジェクト全体

・成功→プロジェクトのスタートダッシュが切れるよう、資料をたくさん提供して役立てた
・失敗→途中でスケジュール管理が甘くなり、締め切りが後ろ倒しになっていった
・改善→スケジュール管理が得意な人を、チームに加える

✓チームのコミュニケーション

・成功→Slackを活用してこまめにコミュニケーションを重ね、円滑に仕事ができた
・失敗→誰にでも同じような頻度のコミュニケーションを求めてしまい、負担に感じる人もいた
・改善→コミュニケーションの頻度などは、相手の求めるレベルに合わせる

✓企画発想

・成功→プロジェクト立ち上げ時にたくさんのアイデアを出して、採用された
・失敗→特になし。さらに多様な企画を提案できるよう幅広いインプットを実践する

POINT | どんな場面で「助かったよ」「また手伝ってほしい」と言われたか覚えておこう

「自分らしさ」を活かして、人に役立てる仕事を書き出す

「自分らしさ」を活かすどんな仕事があるのか、ここでも頭を柔らかくして考えてみよう。

✓人間関係が大事
――→コーチング、悩み相談
✓片づけが好き
――→片づけコンサルタント
✓よく笑う
――→接客、電話対応、営業
✓フラット
――→教育
✓年長者や偉い人にも萎縮しない
――→介護、交渉
✓ムダが嫌い
――→事業再生、コンサルタント
✓生産性高くありたい
――→事業改革
✓仕事はそつなくこなしたい
――→バックエンドの仕事
✓仕事とプライベートのバランスが取れていると幸せ
――→人事部門、フリーランス

POINT | 世の中には新しい仕事がどんどん生まれている。視野を広げて考えてみよう

第2章「自分を活かす」

「自分らしさ」を活かす方法を書き出す

「自分らしさ」をどのように活かしていけるのか、頭を柔らかくして考えてみよう。

✓人間関係が大事
——→人を大切にできる
✓片づけが好き
——→人の環境を整えられる
✓よく笑う
——→場の雰囲気を明るくできる
✓フラット
——→年下や弱者の意見を聞ける
✓年長者や偉い人にも萎縮しない
——→年上などの意見を聞ける
✓ムダが嫌い
——→合理的に物事を進められる
✓生産性高くありたい
——→効率的に物事を進められる
✓仕事はそつなくこなしたい
——→冷静に意思決定ができる
✓仕事とプライベートのバランスが取れていると幸せ
——→他人の時間も尊重できる

POINT | 何よりも大切にしたいのは、自分に無理がないことだ

✓『父が娘に語る 美しく、深く、壮大で、とんでもなくわかりやすい経済の話。』ヤニス・バルファキス著（ダイヤモンド社、2019年）
✓『地平線を追いかけて満員電車を降りてみた』紀里谷和明著（文響社、2020年）
✓『21世紀の資本』トマ・ピケティ著（みすず書房、2014年）
✓『NEW POWER』ジェレミー・ハイマンズ、ヘンリー・ティムズ著（ダイヤモンド社、2018年）
✓『HARD THINGS』ベン・ホロウィッツ著（日経BP、2015年）
✓『発酵道』寺田啓佐著（スタジオK、2007年）
✓『人を動かす　新装版』デール・カーネギー著（創元社、1999年）
✓『FIRE　最強の早期リタイア術』クリスティー・シェン、ブライス・リャン著（ダイヤモンド社、2020年）
✓『FACTFULNESS』ハンス・ロスリング、オーラ・ロスリング他著（日経BP、2019年）
✓『フリー』クリス・アンダーソン著（NHK出版、2009年）
✓『ポジティブ心理学の挑戦』マーティン・セリグマン著（ディスカヴァー・トゥエンティワン、2014年）
✓『ほどよい量をつくる』甲斐かおり著（インプレス、2019年）
✓『マネジメント[エッセンシャル版]』ピーター・F・ドラッカー著（ダイヤモンド社、2001年）
✓『やり抜く力 GRIT』アンジェラ・ダックワース著（ダイヤモンド社、2016年）
✓『U理論[エッセンシャル版]』C・オットー・シャーマー著（英治出版、2019年）
✓『ユダヤの商法（新装版）』藤田 田著（ベストセラーズ、2019年）
✓『LIFE SHIFT』リンダ・グラットン、アンドリュー・スコット著（東洋経済新報社、2016年）
✓『LEAN IN』シェリル・サンドバーグ著（日本経済新聞出版、2013年）

POINT　時代は物質的な豊かさではなく、精神的な豊かさを求める流れになってきていることを知ろう

第2章「自分を活かす」

大きな時代の流れについて勉強する

大きな時代の流れを知るために、次に挙げたオススメ課題図書のうち、3冊を読んでみよう。

✓『アフターデジタル』藤井保文、尾原和啓著(日経BP、2019年)
✓『アルケミスト　夢を旅した少年』パウロ・コエーリョ著(角川文庫、1997年)
✓『イノベーション・オブ・ライフ』クレイトン・M・クリステンセン他著(翔泳社、2012年)
✓『エッセンシャル思考』グレッグ・マキューン著(かんき出版、2014年)
✓『グラッサー博士の選択理論』ウイリアム・グラッサー著(アチーブメント出版、2003年)
✓『さあ、才能に目覚めよう 新版 ストレングス・ファインダー2.0』トム・ラス著(日本経済新聞出版、2017年)
✓『サードドア』アレックス・バナヤン(東洋経済新報社、2019年)
✓『サピエンス全史』ユヴァル・ノア・ハラリ著(河出書房新社、2016年)
✓『仕事。』 川村元気(文春文庫、2018年)
✓『持続可能な地域のつくり方』筧 裕介著(英治出版、2019年)
✓『自分の中に毒を持て』岡本太郎著(青春出版社、2002年)
✓『自由であり続けるために 20代で捨てるべき50のこと』四角大輔著(サンクチュアリ出版、2012年)
✓『人生がときめく片づけの魔法 改訂版』近藤麻理恵著(河出書房新社、2019年)
✓『新訳 ハイパワー・マーケティング』ジェイ・エイブラハム著(KADOKAWA、2017年)
✓『世界観をつくる』水野 学、山口 周著(朝日新聞出版、2020年)
✓『セカンドID』小橋賢児著(きずな出版、2019年)

第1章 「自分を知る」

自分の考える「自分らしさ」を書き出す

外から押しつけられた「あなたらしさ」ではなく、あなたが自分で考える「自分らしさ」は何ですか。

- 人間関係が大事
- 片づけが好き
- よく笑う
- フラット
- 年長者や偉い人に萎縮しない
- ムダが嫌い
- 生産性高くありたい
- 仕事はそつなくこなしたい
- 仕事とプライベートのバランスが取れていると幸せ　など

POINT　恥ずかしがらず、遠慮せず、自分らしいと思うことを率直に書き出してみよう

第1章 「自分を知る」

苦手だけど、解決したいことを書き出す

苦手だけれど、あなたが解決したい・克服したいと思っていることは何ですか。

- 体重管理
- 運動を続けること
- 税金の勉強
- 資料の整理
- 議事録の作成
- 副業の営業活動
- 英会話
- 部下の話を聞くこと
- 話の論点をまとめること
- ギャラの交渉　など

POINT　苦手なことは誰にでもあります。それでも、「できるようになりたい」と思うものに才能が宿っている可能性大！

第１章 「自分を知る」

「あなたは素晴らしい」と言ってくれる人に「自分の強み」「自分らしさ」を聞く

聞く人は少なくて大丈夫。あなたのそのままの姿を素晴らしいと言ってくれる人に、こんなメールを送ってみよう。

〇〇さん
わたしは今、「Be Yourself」という自己変革プロジェクトを実践しています。
その過程で、自分のことを分かってくれていると思う人に、「わたしの強み」「わたしらしさ」を聞くという課題があります。
あらためてお伺いするのは恥ずかしいのですが、あなたの考える「わたしの強み」「わたしらしさ」を教えていただけないでしょうか。

▼わたしの強み
-
-
-

▼わたしらしさ
-
-
-

いただいたご意見を参考に、さらに自分らしさに磨きをかけていきたいと思います。
これからも良いお付き合いを続けさせてください。

POINT｜最初は勇気が必要。でも相手を信じて聞いてみたら、きっとうれしい返事がもらえます

第１章　「自分を知る」

心の中のモヤモヤを全部書き出す

あなたの頭の中を埋めている思考や、とりわけ人間関係にまつわるモヤモヤを全部、書き出しましょう。

- パートナーに感謝されていない
- パートナーのイヤなクセが気になる
- 親への連絡回数が減っている
- 子どもと過ごす時間が少ない
- 子どもの教育プランがあいまい
- プロジェクトの進捗状況
- 部下とのコミュニケーション不足
- 上司への報告ができていない
- 体重が増えている
- 謝れていない人がいる　など

POINT｜誰かに見せるわけでもないから、とにかく頭に浮かんだことをすべて、ありのままに吐き出そう

第１章　「自分を知る」

あなたが違和感を感じている他人からの期待を書き出す

「こういう人であってほしい」「こんな力を見せてほしい」など、他人から寄せられる期待で、あなたが違和感を感じていることは何ですか。

- 長男・長女としてしっかりしてほしい
- チームのムードメーカーとして明るく振る舞ってほしい
- もっと自信を持ってチームを率いてほしい
- 結果に対して強い責任感を持ってもらいたい
- チームの誰よりも真剣に働いてほしい
- 弱音は言わないでほしい　など

POINT｜「べき論」やステレオタイプを押しつけられてイヤな気持ちになったことはありませんか

第1章「自分を知る」

予定のない休日の過ごし方を書き出す

予定のない休日や、仕事や学校で拘束されている以外の時間に、あなたがしていることは何ですか。

- スマホで漫画を読む
- YouTubeで動画を観る
- 昼寝する
- メールボックスを片づける
- メモ帳に書いてあることを見直す
- 1年先のプランを考える
- SNSで気になった友人に連絡する
- 子どもと遊ぶ
- 豆から挽いたコーヒーを飲む
- カレーをつくる　など

POINT　2週間くらい自分を観察してみると、新しい発見があるはずです

第1章「自分を知る」

日常生活の中で、無理なく続いていることを書き出す

「好き」「楽しい」までいかなくてもいいので、日常生活の中で「いつの間にか続いていること」は何ですか。

- 毎朝、プロテインを飲む
- 朝日を浴びて伸びをする
- トイレの掃除
- 読んだ本のレビューを書く
- 英語の勉強
- Twitterで毎日5回以上つぶやく
- 仕事仲間への好意的なフィードバック
- 予算進捗状況の管理　など

POINT　自分の行動を客観的に観察してみると、あなたの「続いていること」が見つかります

チェックシート記入見本

第1章から第5章まで、各章の最後にチェックシートを用意しました。その中でチェック項目に「書き出す」などとあるものについて、書き方が分かりやすくなるような見本をご用意しました。

基本的に書き出すのは、あなたのお気に入りのノートでオーケー。ただ、ここでは書き出し見本とメモが一体化したBe Yourself記入シートもダウンロードできるようにしています。川原卓巳公式サイトの専用ページ（https://www.takumi-kawahara.com/beyourself_checksheet/）か、右の二次元バーコードからアクセスいただければ、記入シートがダウンロードできます。

第1章 「自分を知る」

「やらないことリスト」をつくる

あなたにとって、「始めるまで気が進まないこと」「やってもつまらないこと」「やったら疲れること」は何ですか。

- スケジュール調整
- 寝不足での仕事
- 細かい計算と確認作業
- 不毛な値下げ交渉
- 予算達成のためだけの契約獲得
- 気が合わない人との仕事
- 気を遣う人と過ごす時間
- 仕事の休憩時間の噂話
- 満員電車に乗る
- 体に合わない服を着る　など

POINT　健康、人間関係、仕事、お金、生きがい、という5つの領域で抜けがないように考えてみよう

［著者］
川原卓巳（かわはら・たくみ）
KonMari Media,Inc Founder and CEO/Producer

1984年広島県生口島生まれ。大学卒業後、人材教育系の会社に入社し、のべ5000人以上のビジネスパーソンのキャリアコンサルティングや、企業向けのビジネス構築・人材戦略を行う。近藤麻理恵とは学生時代からの友人であり、2013年以降は公私共にパートナーとして、彼女のマネジメントとこんまりメソッドの世界展開のプロデュースを務める。2016年アメリカ移住後、シリコンバレーとハリウッドの両方に拠点を置きながら、KonMariのブランド構築とマーケティングを実施。日本のコンテンツの海外展開なども手がける。2019年に公開されたNetflixオリジナルTVシリーズ「Tidying Up with Marie Kondo」のエグゼクティブプロデューサーでもある。同番組はエミー賞2部門ノミネートされた。

Twitter：@takumikawahara
Voicy：「自分らしさで輝くプロデュース」（https://voicy.jp/channel/1346/）
HP：https://www.takumi-kawahara.com/

Be Yourself
――自分らしく輝いて人生を変える教科書

2020年12月1日　第1刷発行
2020年12月17日　第2刷発行

著　者――川原卓巳
発行所――ダイヤモンド社
〒150-8409　東京都渋谷区神宮前6-12-17
https://www.diamond.co.jp/
電話／03･5778･7233（編集）　03･5778･7240（販売）
装丁・本文デザイン―小口翔平、加瀬梓、須貝美咲（tobufune）
DTP――河野真次（SCARECROW）
校正――聚珍社
製作進行――ダイヤモンド・グラフィック社
印刷――新藤慶昌堂
製本――ブックアート
編集協力――宮本恵理子
編集担当――日野なおみ

ISBN 978-4-478-11205-2